#運勢コスパ

効率よく運を上げる
50の裏ワザ

大石眞行 監修

プロローグ

CONTENTS

プロローグ   002

はじめに   010

登場人物   014

CHAPTER 1

運勢コスパ 0.1 ⇒ 1 幸薄系女子脱却編   017

01 ＃スマホの向きで〝不運シャワー〟を回避！   018

02 ＃幸運のお座席、進行方向右側です   022

03 ＃運の明暗を分ける送信時間   026

04 ＃ブランド財布を持った貧乏人が生まれるワケ   030

05 ＃セレブは知ってる財布の〝更新月〟   034

06 ＃運のマイナンバーでお賽銭の額が決まる   036

07 ＃電車でうたた寝開運法   038

08 ＃能ある女は靴隠す   042

09 ＃デスク前の壁はキャリアの壁！   046

10 ＃トイレの〝お香習慣〟が元気をチャージ   048

11 ＃塩は運気の調味料   052

12 ＃不運を洗い流す入浴法   056

13 ＃天国のおばあちゃんは今でもお小遣いをくれる   060

14 ＃半畳分キレイにすれば掃除は十分！?   064

15 ＃部屋干しは憂鬱の始まり   068

16 ＃新居選びは運勢コスパの分かれ目   074

17 ＃愛は寝て待て   078

18 ＃見れば見るほど運が悪くなるテレビがある   080

19 ＃産土神様はあなたの開運担当大臣   084

20 ＃未練ゴミの回収日は旧暦カレンダーをチェック！   088

21 ＃腹八分目の功徳ダイエット   092

22 ＃ボーナスは暖簾で割り増し   094

23 ＃ライバルの芽を摘む最強のガーデニングがある！?   098

24 ＃貧乏ゆすりが金運をガタガタ落とす   102

25 ＃迷っても必ず正解する女   106

CHAPTER 2

運勢コスパ 1 ⇒ 100 目指せ！運気高い系編　113

26 #この世には自分専用の"幸運の万札"がある　114

27 #幸運を栽培している花屋がある　116

28 #リベンジは冬至に始動すると成功する！　120

29 #夏は左足、冬は右足で一生昇り調子の女　124

30 #本気の願いは"8月の短冊"に託せ　128

31 #転居後45日は外泊禁止令を厳守せよ！　134

32 #初詣帰りに騒ぐとご利益がパー　138

33 #恵方巻きは節分に食べても意味がない!?　142

34 #脱日常した次の日は120%の力が出る　146

35 #チャンスに強い女は指先に秘密がある　150

36 #心をスキャンするゾーン手相　154

37 #神棚のお酒は幸運がそのまま液体になっている　158

38 #運が潤う"ミラクルウォーター"の作り方　162

39 #他人の幸運こそ蜜の味　166

40 #絨毯を新調すると恋がよみがえる！　170

41 #引き寄せより大事な"引き離しの法則"　174

42 #使っても手元に帰ってくる"魔法のお金"の作り方　178

43 #桃花風水で愛されすぎて困ってます　184

44 #魅惑の視線で男を釘づけにするモテメイクって!?　188

45 #右目を見つめれば男は落ちる　192

46 #真のラッキーカラーは開運実験でわかる！　196

47 #シャツに小細工で愛妻家を仕立てる！　200

48 #運気高い系は体内から運を取り入れる　204

49 #駅は幸運の源泉地！　210

50 #始まりよければすべてよし　214

エピローグ　218

終わりに　220

はじめに

理想の恋、仕事、お金……。
幸せの形は人の数だけありますが、実はそれを得るための方程式は
1つです。

〈 努力×運＝成果 〉

そして、この努力値に対する成果の大小こそが、
「運勢コスパ」なのです。

例えば、1のエネルギーで努力した人がいたとします。

普通の人は、
〈 1（努力）× 1（運）＝ 1（成果）〉
努力に見合う成果を出しますが、努力以上の成果はなかなか出ません。

さらに、運勢コスパの悪い人は運を上げるのにも苦労し、
〈 1（努力）× 0.1（運）＝ 0.1（成果）〉
不運に邪魔され、努力に見合わない成果を出すことに。
このように、運に見放された人を「幸薄系」と呼びます。

一方、運勢コスパの高い人は労力をかけずに運を上げ、
〈 1（努力）× 100（運）＝ 100（成果）〉
努力値をはるかに超える、大きな成果を楽して出せるのです。
このように、運に愛される人を「運気高い系」と呼びます。

もちろん努力が0の人（＝行動しない人）には何をかけても0。
成果を得ることはありません。

でも、運勢コスパが高ければ、0.1の努力でも10の成果を出せるし、
1の努力をすれば50、100と大きな成果を出せるのです。
運気高い系のほうが、幸せになるための効率がよくありませんか？

きっとこの本を手に取ったあなたも、
「頑張ったのに」「行動を起こしたのに」
それに見合う成果を実感できないことがあるはず。

この物語の主人公、沙知もまた運勢コスパが悪く、
幸せまでのまっすぐな道を右往左往している"幸薄系女子"の1人。
でも大丈夫。運勢コスパを上げる裏ワザを教えてくれる救世主、
コスまるがあなたの目の前に現れました。

コスまるが、これまで世に出ていなかった目から鱗の、
「たったそれだけで!?」という50の開運裏ワザを教えてくれます。
寝ているだけで運がよくなったり、通勤電車で開運できたり……。

「え、これだけで運勢コスパが上がるの？」
「え、同じ労力で幸せになれるの？」
「これだけなら私にもできる！」

日常の行動を、手間をかけずにほんの少し変えるだけで、
運勢コスパは劇的に上がります。この本を読み終わるころには、
今と同じ努力で、恋もキャリアも貯金額も
まったく違うものになっているはずです。

さあ、あとは頼んだよ、コスまる！

大石眞行

この本の読み方

やあ、俺はコスまる！
まずは簡単に、この本の読み方を教えておこう。
プライベートな時間から、通勤電車、職場、友人の家、旅行先。ありとあらゆる場所に、ちょっとした変化で運勢コスパが上がるヒントが隠れているんだ。沙知に50の開運裏ワザを伝授していくけど、きっと君の役にも立つはず。俺は**世の中の皆が、最速で幸せになればいいのに**って思ってるんだ。だから、**裏ワザはSNSで「#」をつけて拡散してくれてもいいんだぜ！**　でも俺と沙知の会話は恥ずかしいから、晒さないでくれよ。

CHAPTER 1
運勢コスパ0.1 ⇒ 1 幸薄系女子脱却編 ……… P017

　まずは不運グセを直すステップだ。開運はもちろん、運が悪くならないための"誰でもできる"裏ワザを伝授していくぜ。浮気されない、左遷されない、理不尽に貯金が減らない……。まずはそんな、運に見放されない女になろう。ここを読めば努力や行動に見合う成果を得られるようになるんだ！

CHAPTER 2
運勢コスパ1 ⇒ 100 目指せ！運気高い系編 … P113

　運勢コスパが回復したら、次なる目標は運気高い系だ。1とは言わず、100まで上げていこう！　と言っても、何も難しいことはない。日常のちょっとした行動やクセを変えるだけで、運に愛される女に変貌するんだ。恋も仕事もお金も、楽して手に入れる裏ワザが満載だ。家族や友達にも広めてあげよう！

君には特別に、俺の住処を教えといてあげるよ。開運裏ワザを教える中で、本では算出できない占いも出てくるからな。このサイトに生年月日を入力すれば、君の「運のマイナンバー」(P36)がわかるんだ！ あ、沙知もいるけど嫉妬するなよ！

コスまるに会える **QRコード**はこれ！

『#運勢コスパ』専用のサイトがオープン！コスまると沙知があなたの運勢コスパを上げるナビゲートをしてくれます。ここが、本書で登場する「運のマイナンバー」の発行所。サイトに入力するだけで簡単に割り出せます。

それから、この本の開運法は、東洋占術をもとに編み出したものがメイン。特に「風水」「陰陽五行説」の２つはよく出てくる言葉だから、簡単に説明しておくよ。占いに詳しくない人でもわかりやすい、占いの知識がある人でも解釈やサイドストーリーは他にはない、きっと初めて知るものばかりのはず！

陰陽五行説

世の中のありとあらゆるものは、「陰」または「陽」のパワーが宿っているものに分かれるんだ。それから、自然界は「木・火・土・金・水」の５つのエネルギーの流れで回っている。これらの事象が、人間の運のリズムに大きな影響を与えているという概念のこと。東洋系の占いの基礎とも言えるな。

風水

一般的には、いい"気"を集めて運の上がる空間を作ること。恋愛運特化の桃花風水や生年月日ごとに見方が変わる八宅風水など、実はバリエーションが豊富。風水では「方位」が重要になってくる。この本では「方位」を右図のように定義しているから、わからなくなった時は確認してくれ！

※正しい方位の見方

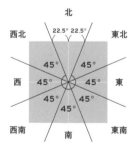

013

登場人物
UNSEI COSPA_CHARACTER

＃コスまる

#開運電子モンスター　#運勢コスパ伝道師　#不運な人のみぞ知る

　沙知のスマホから出てきた開運電子モンスター。日本中の"幸薄系女子"の元にだけ現れるとひそかに話題になっている、幻の種族。彼らは、パートナー（＝幸薄系女子）の運が悪いと死んでしまう悲しき性を背負っているため、仕方なく運勢コスパを上げる術を伝授するのである。1人でも多くの幸薄系を撲滅すべく、パートナーを通じてSNS上で「#運勢コスパ」をつけて開運裏ワザを拡散している。

#薄井沙知
うすいさち

#幸薄系女子 　#運に見放された女
#努力が報われない
さちうす

　この物語の主人公。OL。不運でネガティブ、負のオーラが出ている。30歳の誕生日に長年つき合った彼氏の浮気が発覚した挙句、フラれる。職場では、同期で親友のポジ子と同じ部署だったが、異動させられる。貯金は底を尽き、不運ここに極まれり。……がしかし、コスまると出会い変化が？

#じんざぶろう

　沙知の飼い猫。絶対に沙知を裏切らないと断言できる生物は、この世にじんざぶろうだけである。と、沙知は思っている。

#向前ポジ子
むかまえ

#運気高い系女子 　#運に愛された女
#実はそんなに努力してない

　沙知の親友で運気高い系女子代表。最近、理想の彼氏とゴールイン。職場では、沙知と同スペックだが昇進を果たした。貯金は500万。コスまるによって運気高い系に導かれた過去が。コスまるが沙知の元にやってきたのも、実は……？

CHAPTER 1

運勢コスパ 0.1 ⇒ 1

幸薄系女子脱却編

運勢コスパ 0.1　　　　　運勢コスパ 1

CHAPTER1 ― 運勢コスパ 0.1 ↓ 1 幸薄系女子脱却編

UNSEI COSPA_01

#スマホの向きで
"不運シャワー"を回避!

#寝落ちする前に　#寝るだけで運が回復　#手帳型ケースで世渡り上手

> 異動や突然のコスまるとの出会い。濃い1日にすっかり疲れた沙知。
> スマホの目覚ましを枕元にセットして、目を閉じるが……。

はぁ。明日も早いからさっさと寝ないと。おやすみなさい。いや、「おやすみなさい」より「ごめんなさい」のほうがふさわしいのかな? 誰の役にも立ってないのに、休むことをお許しください的な?

 暗い! え、何? 寝る前っていつもこんな感じなのか? これが幸薄系女子の哀れな末路なの?

幸薄とネガティブは切っても切れないものなのよ、コスまるくん。

 寝る前に、1つ。
早速、運勢コスパの悪さが出てしまっていることに気づいてくれ。

 え……、寝るだけなのに運も何もないんじゃない。

 バカやろー! 風水ではな、**起きている時間よりも寝ている時間のほうが重要**なんだぞ。無防備な状態で、その場の"気"を一晩中、吸収するんだからな。**いい"気"(幸運)** が充満している部屋ならいいんだけど、残念ながらこの部屋は悪い"気"が満ちてるっぽいし。

そんな。いったい何がいけないの？ 風水なんてよくわかんないけど、まさかこんな時間に模様替えしろとか言いださないよね？

 そんなコスパの悪いことは言わないのが開運電子モンスターさ。ズバリ、そこの**スマホの向きを変えるだけで運は劇的によくなる。**

ええええ!? それだけで運勢コスパはよくなるの？

 そう。スマホをはじめとした**「電磁波を出す物」は"気"を乱す作用がある**んだ。沙知は今、**充電口を自分に向けたまま、**夢の中へ行こうとしていたよな？ **スマホの電磁波って、充電口から出てくる**んだぜ。

スマホの向きなんて、意識したこともなかったよ。

 寝ている間、**不運のシャワーを浴び続ける**ようなものだからな。悪夢だよ。

CHAPTER1 運勢コスパ 0.1 ⇩ 1 幸薄系女子脱却編

起きるころには不運でベタベタじゃん！　よいしょっと……。
向き変えたよ！　寝る時の身体の向きと平行に置けば大丈夫？

 よし、これで明日は仕事がはかどるはずだ。

仕事運が上がるの？

 そりゃ、不運のシャワーを浴び続けたら、ボーッとして集中力が続かなかったり、判断ミスをしやすくなってしまうだろうよ。

私のミスが続いていたのは、もしかしてこのせい!?

 かもね。もちろん、単純に沙知の要領の悪さもあるだろうけど。

そ、そうだよね。私なんかが、運のせいにするのもおこがましいよね。
上司にも怒られるし、明日も会社行きたくないな……。

 じょ、冗談だよ、元気出せよ……。
ところで、上司とはどうしてうまくいってないんだ？

うーん……よくわからない。でもこの前、ポジ子から
「沙知は人間関係が不器用だからねぇ」ってLINEがきた。ほら。

 ふーん。ん？　このケース型スマホケースかわいいな。
ケース型

でしょー？　じんざぶろうをモデルにオーダーメイドしたんだ！

★MEMO: 寝室に鏡がある人もまた、不運のシャワーを浴びている。

にゃー！

でも、沙知は手帳型のスマホケースのほうが
合っているかもしれないな。運勢コスパ的には。

手帳型

ええええ!? **運とスマホケースに関係**なんかあるの？

思い入れのあるアイテムには自我が投影される、つまり**自分の運勢の写し鏡のような存在になる**んだ。その代表的なアイテムがスマホ。この原理を逆手にとって、**スマホから自分の運を上げることもできるんだぜ。運って、肌から伝わっていく**からな。日ごろ、手でふれる機会が多いものは重要なんだ。

ヘー、それでスマホケースってことね。

自分の分身であるスマホをどう包むかは、主にケース型か手帳型の2パターンだ。**手帳型**を使っている人は画面（＝自分の心）を開いたり閉じたり、**人によって態度を変える器用さや柔軟性**を持っているんだ。一方、沙知が使ってる**ケース型**は、画面（＝自分の心）がオープンになりがち。よく言えば素直なんだけど、**常に自分をさらけ出しているから人間関係に疲れやすい**んだ。

なるほど。つまり、手帳型のじんざぶろうケースにすれば、
世渡り上手になって、上司とも円満になれるってわけね！

うん。別にじんざぶろうはどうでもいいんだけどね。

ごろごろ……。

UNSEI COSPA_02

#幸運のお座席、進行方向右側です

CHAPTER1 運勢コスパ0.1→1 幸薄系女子脱却編

#コスパ最強座るだけ開運　#通勤電車が幸運列車に　#右回りが正解

新しい朝が来た。絶望の朝だ。通勤ラッシュの満員電車。虚ろな目が何かを捉え、ギラリと光る。1席、空いている！　飛び込め！

って、待てーーっ！

あああ！　席取られちゃったじゃない！　どうしてくれるの⁉

まあ待て、左じゃなくてこっちの右の席が空くのを待て。たとえ座れなくても、**電車内では進行方向の右側にいるのが吉**だ。

何でよ！　会社まで1時間。座って優雅に過ごすのか、詰め放題の野菜みたいな屈辱を味わうのか。まさに天国と地獄。何でこんなことに！　何て運が悪いんだ。うああ！　もういっそ殺して？

（こ、この世界の通勤電車はそんなに壮絶な世界だったのか……！）ま、まあまあ。止めたのにはちゃんとした理由があるんだ。

納得のいくご説明を！　場合によっては2ネタ目にて退場してもらいますよ。この本もおしまいですよ。

落ち着け。実はな、**進行方向の左側に座ると、いい運気が抜けて**いっ

てしまうんだ。逆に**右側の座席は、座っているだけでいい運気をどんどんため込んで沙知の中に凝縮してくれる、開運シート**なんだぜ。だから、無理してさっきの左の席に座るより、右の席が空くのを待つほうが運勢コスパは格段に上がるんだ。

……まさか、電車の中にもそんな開運法が眠っていたなんて。取り乱してごめん。でも、どうして右の席だと運がよくなるの？

 これは東洋占術の基本だけど、**運の良し悪し＝自然から受ける"気"（エネルギー）の良し悪し**なんだ。で、その自然の気の流れにもっとも影響を与えているのって、「太陽」なんだ。

確かに太陽がなければ、人間は存在していないもんね。

 太陽はバカボンの世界でなければ、東から昇って南を通って西へと、時計回りに進んでいくだろ？　つまり、**自然界の気の流れは時計回り**なんだ。即ち、いい運気も時計回り＝右回りに流れるってわけさ。

なるほど。

そしてさらに、そのいい運気は内側に凝縮される。「ネジ締め」のように右回りで締まり（＝運が凝縮される）、逆に左に回すと緩む（＝運が抜ける）ってわけさ。これを直線に置き換えるとP25の図のように、進行方向の右側にいい運気が流れているってわかるだろ？

本当だ！　上下線関係なく、右側に幸運が巡ってるんだね。

電車じゃなくても、ジョギングコースを時計回りにするとか、バスに乗る時は右座席に座るとか、いろいろと応用が利く裏ワザだよ。

おもしろい！　私も時計回りに回転する！　クルクルーッ！

いや、それは酔うからやめて。とにかく、大事な会議とか、失敗できない日の通勤時は、右側にいれば結果は安泰だ。

今の私に、大事な会議なんてないんだけどね……。
でも、通勤電車で開運できるなんて効率的だね。毎日乗るものだし。

そうだな。それと、運が悪い時は乗り換えのパターンを変えてみるとか、1つ前の駅で降りて歩くとか、ちょっとした変化で"気"の流れをガラッと変えて運を上げることもできるから、試してみな。

よし。今日こそは素敵な出来事を！　もうこの駅で降りる！

って待て、まだあと10駅以上あるぞーっ!?

★ MEMO: アウトレットも時計回りに巡れば掘り出し物に出会える。

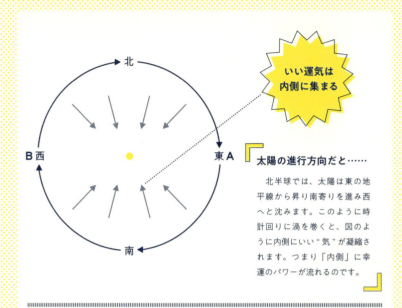

> いい運気は内側に集まる

太陽の進行方向だと……

北半球では、太陽は東の地平線から昇り南寄りを進み西へと沈みます。このように時計回りに渦を巻くと、図のように内側にいい"気"が凝縮されます。つまり「内側」に幸運のパワーが流れるのです。

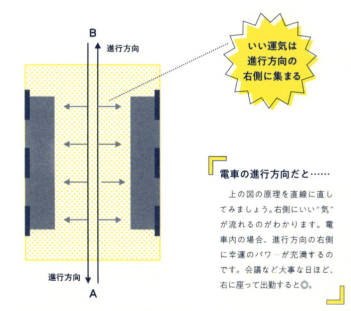

> いい運気は進行方向の右側に集まる

電車の進行方向だと……

上の図の原理を直線に直してみましょう。右側にいい"気"が流れるのがわかります。電車内の場合、進行方向の右側に幸運のパワーが充満するのです。会議など大事な日ほど、右に座って出勤すると◎。

UNSEI COSPA_03

#運の明暗を分ける送信時間

#恋も仕事もいい返事
#「いいね！」のボーナスタイム　#キリの悪い時間に霧が晴れる

CHAPTER1 ― 運勢コスパ0.1⇩1 幸薄系女子脱却編

勢いに任せて、見知らぬ駅に降りてしまった沙知。
呆れて迎えに来たコスまるは、まるで保護者のようでした。

幸薄系のくせに、いったいどれだけ勢い任せなんだ！

 やってしまいました。

ネガってる場合じゃないぞ。上司に連絡したほうがいいんじゃない？
遅刻だし。

メールしなきゃ！「上司様　大変申し訳ありません。
電車遅延のため遅刻いたします」っと。

ちょっと待て。

……しょうがないじゃん、これくらいの言い訳は。

いや、そうじゃなくて、今9：00ちょうどだろ？
今送っても、そのウソ、バレちゃうぞ。

026

まさか、メールを送る時間にも運勢コスパが関係してる？

うん、よく覚えておけよ。
00分ジャストに送るメールに込めた願いは、成就しない。

えええ⁉ どうして？

「数霊術」っていう占いが根拠にあるんだ。数霊というのは、「言霊」みたいに、数字にも霊が宿ってるって考え方。平たく言えば、数字の1つひとつにも、運を左右するパワーが秘められているってことさ。

ふーん、じゃあ「0」はよくない数字ってことなんだ。

そう。「0」は「結局最後に0になる」、
必死に積み上げても崩れてしまうことを暗示しているんだ。

つまり、私がいくら上司を納得させるような名文で謝罪したところで、00分に送っちゃうと、許されざる結末になるってことね。

そういうこと！ 必要以上にお叱りを受けたり信頼を失ったりしてしまう。それに、遅れている間に面倒な役を押しつけられる、みたいな「想定外の不運」に見舞われやすいんだ。

あ、危ないところだった……。

00分に限らず、10分や30分といった末尾「0」分は避けることだな。仕事のメール以外にも意識しておくといいよ。友達を遊びに誘うメール、男をデートに誘うメール……どれも断られたり敬遠されやすくなる時間だ。

へー！　逆にいつ送れば運は上がるの？

 実は末尾「9」分は「完成する」ことを暗示している。つまり19分とか59分とか。ビジネスの依頼メールや同僚へのお願いごとのメール、気になる異性へのアプローチもうまくいく、まさに、幸運のボーナスタイムなんだ！

私のメールの送信履歴、末尾「0」分ばっかりだった……。

 そりゃ、幸薄系にもなるはずだな。

あ！　この間、友達を誘った末尾「0」分メールもスルーされてる。

 そんな不運な時間に、「遅刻です」なんて送ったら……。
沙知の信頼度も「0」になるだろうな。

1分違うだけで、運の明暗はこんなに分かれるのね。

 だからこそ、プラスに利用すれば効果的に成果を上げられる。例えば、客入りの悪い飲食店が、オープン時間を **10：00から9：59に1分早めるだけで客足がグッと伸びたり**するんだ。

へー！　あ、気づけば9:00過ぎてる、送信！　これで私は許された！それにしても、こんな簡単な開運法知らなかったよ。早速、この運勢コスパが上がる裏ワザもTwitterで拡散しちゃおう。

 SNSの投稿も末尾「0」タイムに注意だぞ。

★ MEMO: 誕生日が末尾「0」の人は波乱万丈な人生を送りやすい。

メールだけじゃないのね！

 今の時代、SNSには気をつけないと。末尾「0」タイムに投稿すると、「いいね！」の数が減ったり炎上したりしやすいから。

じゃあ、この0：00に「つき合って１年記念日〜☆」みたいな投稿している友達カップルは、別れてしまうのかな？

 まあ、余計な反感を買いやすくなるし、周りに応援されなくなって別れる末路もありえるだろうな。……何ニヤついているんだ？

いやいやニヤついてないよ。かわいそうだなって思ってウフフ。
（ハハハハハハ！　落ちてこい、私のステージまで！）

 心の声が聞こえるぞ？

UNSEI COSPA_04

#ブランド財布を持った貧乏人が生まれるワケ

黒財布はお金が流れる　　# 懐事情でキーアイテムが変わる
茶系の財布に金が実る

CHAPTER1－運勢コスパ0.1→1 幸薄系女子脱却編

無事、上司のおとがめを免れ、遅刻した分際で誰よりも早くランチを終えた沙知。
が、お会計にて財布を取り出した、その時だった！

な、何じゃこりゃあああ！

どうしたの!?

沙知の財布！　黒い、長い、エナメル！
幸薄系女子が金運に見放される要素満載じゃん！

失礼な！　これは私が持っている唯一のブランド品なんだよ！

こりゃお金も貯まりませんわ。ポジ子に差をつけられるわけだよ。

じゃあ、いったいどんな財布だったらいいのよ？

ズバリ！　幸薄系女子を脱却するための、最高の開運財布は……
茶系、２つ折り、革素材の財布だ。

……な、何じゃこりゃあああ！　真逆じゃん。

まず色！　別に黒が悪いわけじゃない。自分の蓄えによって財布のラッキーカラーは変わるんだ。今の沙知の懐事情は？

ほぼ、ホームレス会社員ですね。

はい、そんな沙知にはこちら！　金欠女子の金運を上げる茶色い財布、もしくはベージュ系の財布をおすすめします！

……何で通販みたいになってるの？

皆さんはご存知でしたか？　東洋系の占いの礎、陰陽五行説。「木・火・土・金・水」の５つの自然のエネルギーが人間の運に影響を及ぼすという考え方。この占いをもとにラッキーカラーをひもといていきましょう。沙知の財布の色である黒は、この「水」を表し、即ち「水のように流す」作用があるんです！

お金が、川のように増えていきそうじゃん！

CHAPTER1 ー 運勢コスパ0.1⇨1 幸薄系女子脱却編

[財布の**カラー**パワー]

ブラウン系

陰陽五行の「土」のパワー。農作業の象徴で、「種蒔き→収穫」が「仕事→収入」を連想させ、堅実にお金を増やします。揺るがない大地のような「安定」の作用も。種銭がない人向け。

ブラック系

陰陽五行の「水」のパワーが。「流れ」がよくなるため、資産運用をする人に効果的です。財布の中の流れがよくなりすぎて種銭が作れないため、貯蓄がない人には不向きでしょう。

[財布の**素材**パワー]

革系

入ってきたお金を離さない素材です。しっかり貯め込めるようになります。特に蛇、クロコダイルなど爬虫類系は◎。牛革など動物系は、使い込むほどお金が「染み込む」素材に。

エナメル系

ツルツル、テカテカとした素材は、お金をはじく作用があります。特にチープなエナメルは品がなく、「見栄」を象徴。身の丈に合わない金銭感覚が芽生え、金運に見放されます。

[財布の**形**パワー]

2つ折り財布

陰陽五行の「陰」の特徴を持っています。陰＝偶数＝2つ折り財布は同じ"気"の流れ。そして女性も陰陽の「陰」に当たり、女性が本来持ついい"気"を引き出す形なのです。

長財布

陰陽五行の「陽」の特徴を持っています。長い"一本"の形は奇数＝陽＝男性のいい"気"を引き出す形。男性はマネークリップを使う人も多いですが、むき出しは金運を下げるのでNG。

確かに黒は、例えばポジ子のように貯金（＝種銭(たねせん)）がある人にはいい運気をもたらす色だよ。株や不動産投資など「運用」でお金を増やす運を味方につけるカラーだからね。ただし、沙知！ お前に種銭はない！

ガーン……そうだった。

一方、茶系のカラーは「土」を表し「植物を育成する大地」のイメージ。つまり「0→1」を生み出すパワーだ。だから種銭のない幸薄系女子は、まずは茶系の財布を使うとお金が増えるってわけ。

種銭ができないのは、黒財布を使って流されているからなのね。

★ MEMO: お札を上向きにそろえると想定外の出費を防ぐパワーが。

結論！ 幸薄系女子のための
#運勢コスパ
最強財布はこれ！

金箔

お金を呼び込む開運アイテム。化粧用の金箔パックなど適度なサイズのもので◎。金運がグッと上昇。

カラー
➡ ブラウン系

素材
➡ 革系

形
➡ 2つ折り

イエス。さらに、表面がつるっとしたエナメル系の素材は金運を「はじく」作用があるから、お金が入るチャンスを逃してしまう。逆に革系、特に爬虫類の革のように凹凸のある素材は、「引っかける」作用があるんだ。つまり収入のチャンスを逃さないってこと。

財布1つでこんなに違うのね。長財布はどうしてダメなの？

女性は2つ折りのほうが、断然運が上がるんだ。実は、陰陽五行説では自然界のありとあらゆるものを「陰」と「陽」に分ける。女性が「陰」、男性が「陽」。偶数は「陰」奇数は「陽」。つまり奇数（単体＝長財布）は男性が使うと、偶数（2つ折り財布）は女性が使うと、同じエネルギーを受けて運がよくなるってわけさ。

唯一のブランド品が金運を下げてたなんて、コスパとはいかに。

UNSEI COSPA_05

#セレブは知ってる 財布の"更新月"

金運が上がる財布の替え時　# 干支の天敵克服　# 流れが変わる時

CHAPTER1 — 運勢コスパ 0.1 ↓ 1 幸薄系女子脱却編

開運財布の通販商人と化したコスまるの勢いが止まらない！
果たして沙知はブランド品に対する執着を捨てられるのか！

ちなみに、その財布はどれくらい使ってるの？

確か、2年と……6ヵ月くらいかな。

この上ない替え時のようですね。さて、次は代表的な東洋占術の1つ、「四柱推命」の「十二支」から財布を買い替えるベストタイミングについてひもといていきましょう！

ええええ⁉　十二支と財布に何の関係が？

実は、「7」というサイクルで物を変えるとトラブルを避けられるんです。例えば、そこのあなた！　何年（なにどし）生まれ？

辰年の30歳です。……まだピチピチの20代前半に見えるでしょ？

人は生まれてから十二支をぐるぐると周っているわけだけど、自分の干支の真向かいになる、数えて7番目の干支は「沖」（ちゅう）と呼ばれ、ターニングポイントとされるんだ。

034　★ MEMO: 生まれ年の沖となる干支の人とは相性が悪い。

（スルーされたあああ）

辰年生まれなら、数え 7 の時の戌年が運気的に厳しい時。7 日、7 ヵ月、7 年……。**7 の節目は物が壊れやすかったり、「7 年目の浮気」みたいに関係にヒビが入りやすかったり**するんだ。逆に、ここさえ乗り切れば、運は上り調子に切り替わる。**7 のサイクルは「流れを変える時」。財布を変えて金運を上向きに**する、絶好のタイミングってことさ！

ちょっと待って？　私の財布は 2 年 6 ヵ月だよ？

応用して考えると数えの 31 ヵ月。これはつまり、**十二支 2 回り＋7 ということ**。6 ヵ月（数えの 7）が財布をはじめとしたアイテムを買い替えると運が上がるタイミングなんだ。だから、この機を逃すな！

運のターニングポイントだったのね。わかった！　買い替える！

035

UNSEI COSPA_06

#運のマイナンバーで お賽銭の額が決まる

運が上がる神社参拝裏ワザ 　# 小銭が増えると器が小さくなる
世のためのお金は返ってくる

CHAPTER1 ― 運勢コスパ 0.1 ⇩ 1 幸薄系女子脱却編

> ランチの会計980円。財布の小銭979円。……あ、979円。
> 1円足りない。そんなプチ不運が、日常茶飯事なのです。

絶対店員さん怒ってたよ。あれだけ時間かけて財布の小銭数え尽くして、結局千円札かよ。ていうかどんだけ小銭あるんだよ。

なかなか、なくならないんだよね……。
1、2円足りないみたいなことばかり。これも運が悪いからかな。

運が悪いとは言わないよ。でも、**金運のスケールが小さくなる**から、できるだけ小銭は処理しておいたほうがいいよ。

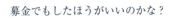
募金でもしたほうがいいのかな？

ナイスアイデアだね。**いいことをすれば自分に返ってくる**って、実は開運の基本でもあるから。細々と取っておくより、**お釣りは募金箱に入れてしまうくらいのほうが、結果的に運の力で回収できる**よ。

意外とハートフルなんだね、占いって。

★ MEMO: 小銭入れや名刺入れにフレグランスをつけると運勢コスパ◎。

 それと、お賽銭にするのもいいね。実は、ご利益倍増で
あらゆる不運から守られるようになるお賽銭の額があるんだ！

えー！　教えて教えて！

 これは**生まれ年、生まれ月、生まれ日**の九星をそれぞれ算出して、3
桁の数字を出すんだ。その数字と同じ額。例えば1988年10月10日
生まれだと、生まれ年は三碧木星、生まれ月は六白金星、生まれ日は
五黄土星。それぞれの頭の数字を取ると、三六五。つまり365円お賽
銭を入れて参拝すれば、神様が沙知を贔屓して運を上げてくれるんだ。

へー！　確かに自分の生年月日を神様に覚えてもらえそう。

 自分の九星（運のマイナンバー）は、P13のQRコード、もしくは
https://mycale.jp/unseicospa/ のページに生年月日を入力すれば出せるよ。

UNSEI COSPA_07

＃電車でうたた寝開運法

＃隣の"気"が伝染　＃カラオケ開運法
＃電車で疲れたおじさんの隣で寝るのは雪山で寝るのと同じ

CHAPTER1 — 運勢コスパ 0.1 ⇓ 1 幸薄系女子脱却編

> 帰りの電車にユラユラ揺られる沙知。ウトウトサラリーマンに挟まれ、
> 一緒にウトウト……し始めたところに、コスまるの平手打ち一閃！

 寝るな、ここで寝たら死ぬぞ！

痛いよ！　雪山で遭難してるんじゃないのよ。
せっかく座れたんだから眠らせてよ、疲れてるの。

 電車で眠る時は隣の人を確認してからだ。もう忘れたのか！　運は寝ている時が一番大事なんだ。無意識に働く**不運の防御スイッチがオフになって、周囲の"気"を吸収するモード**に突入するぞ。

ええええ⁉　電車でも？

 うん。電車で居眠りする時は、**隣の人が放つ"気"を一番に受けやすい**んだ。例えば、きゃぴきゃぴしてる**エネルギッシュな女子高生の隣席**で居眠りしたら、その**元気はつらつな"気"を受けてパワーチャージ**できる。

え、うるさそうだけど、開運的にはいいんだね。それだけで回復できるなんて、コスパ最強じゃん！　どれどれ、ピチピチの女子高生はいねぇがあー！

038

いや、おっさん化するな。

おっさんじゃねぇ、なまはげだぁ。

何でだよ。じゃあ女子高生じゃなくて「わりぃご（悪い子）」を探せよ。まあ、別に女子高生はあくまで一例。==幸せそうなカップルの隣==で居眠りすれば、その==ハッピーオーラを受けて恋愛運をチャージ==できるし、==タブレット片手に真剣な眼差しで仕事をしている人の隣なら仕事運をチャージ==できるだろうな。

うたた寝開運法、恐るべし。でも、私の隣に座っているのは……。

そう、疲れ切ったサラリーマン。きっと会議に次ぐ会議、上司に頭を下げ、取引先に頭を下げ、社会の歯車となって必死に働いている素敵なおじさんだ。だが悲しいかな、彼らに挟まれて寝落ちすると、沙知の体力ゲージがみるみる減ってしまうよ。

逆に、社会の歯車にすらなれないほど無能な私が隣に座ると、幸薄パワーが周りに伝染してしまうってことよね。

あっ、いや。そんなつもりで言ったんじゃ……。

私は不運の泉ってところかしら。私みたいな==グチばかりのネガティブお姉さんの隣で居眠りをしたら、その人もネガティブになる==の？

そうだね。ネガティブな気がチャージされてしまうから。だから、==電車で居眠りをする時は、隣の人の雰囲気・様子を確認してから==にしたほうが、運勢コスパはグッとよくなるんだ。

でも、隣の人なんて選べないからなー。そういうネガティブな
"気"をブロックする方法はないのかしら。

とっておきの防御アイテムを教えよう。それはイヤホンだ。人間は
耳をふさぐと周囲とのつながりを断ち切る"没交渉"モードに突入
する。つまりはいい気を受けることもできないけど、悪い気を受け
ることもない。フラットな状態になれるんだ。

なるほど、隣から負のオーラを感じる時は、
イヤホンで音楽を聴きながら寝るといいのね。

それがこの話の落とし穴なんだけど、いくらイヤホンをしてようと
寝てしまえば自動的に"吸収モード"に入ってしまう。没交渉のた
めには、イヤホンをつけて音楽なり落語なりを聞きながら「自分の
世界」に入ることが大事なんだ。

私、よく結婚ソングを聴きながら彼と結婚式の入場曲
何にしようかって話し合う妄想をするよ。そういう感じかな？

慰めの言葉が浮かばないが、まあそういうことだ。

あ、あそこのラブラブカップルの隣が空いたよ！
あそこに座って恋愛運をおすそ分けしてもらおう！

★ MEMO: 皮膚からも"気"は伝わるので、満員電車にも注意！

―10分後―

どうしよう……。カップルたちは即行で降りていった。
結局疲れたおじさんとグチおばさんたちに挟まれてるよ。

UNSEI COSPA_08

#能ある女は靴隠す

仕事運コスパ　# 楽々玄関風水　# 床面積の広さ＝将来の広さ

> 不安、悔しさ、悲しみ、いろいろなものを抱えフラフラと帰宅する沙知。
> しかし、あまりの重さに玄関で崩れ落ちるのであった。

もう……あんな部署で働きたくなあああい！

 どこに異動になったんだっけ？

資料室整理部。

 ……いや、どんな部署 !?

主に資料を整理したり、
あるいは資料のように整理されたりする部署だよ。

 ……案の上、<mark>沙知は仕事運が悪い</mark>ね。

案の上ってどういうこと !?　どうして私ばっかりこんな目に遭わなきゃいけないの !?　運勢コスパが悪いから？　あんまりだ！　何とかしてよ！　私の運を上げないとコスまるだって共倒れなんでしょ !?

 はぁ……。ちょっと落ち着いて、周りを見渡してみてごらん。
重大な問題に気づくはずだ。

……何？（キョロキョロ）

 何じゃねえええええ！　何だこの散らかった玄関は！
履かない靴は出しっぱなし！　段ボールは置きっぱなし！

急にお母さんみたいなこと言わないでよ。何か関係あるの？

 やれやれ。この無造作に置かれた靴が、沙知の出世運を踏み潰していると言っても過言ではないんだぞ!?　典型的なザ・NG 風水だ！

でも、毎日履く靴は違うし、段ボールだって
指定の日まで捨てられないよ。何でそんなに玄関にうるさいの。

 それは、玄関が幸運の入り口だからだ。いいか？　基本的に風水では、家を1つの生き物だと考えているんだ。いい"気"（幸運）を入れて、悪い"気"（不運）を吐き出す。生き物だから新陳代謝が必要なんだ。人間で言えば鼻や口に当たるのが玄関。それなのに……。

こんなに散らかってるの、やばいじゃん！

 そうだよ。汚いマスクをして呼吸しているようなものだよ。常に悪い"気"を吸っている状態。そら幸薄いですわ。俺もガリガリになりますわ。どう責任取ってくれはるのおたく。えらいことやで。

……えらいすんまへん。

043

CHAPTER1 — 運勢コスパ0.1⇩1 幸薄系女子脱却編

それに、玄関は中の世界と外の世界の接点。風水では**自分と社会との接点**を表すんだ。玄関がキレイな人は**スムーズに社会（外の世界）に出る**ことができる、つまり仕事で成功して出世しやすい。逆に玄関が汚いと外に出づらいだろう？　それは、社会に出るのに時間がかかるってことを暗示するんだ。

ということは、出世どころか満足なポジションにもつけない？

 そう。**玄関に置かれた靴の数だけ、沙知のキャリアを邪魔する敵が立っている**って思うといいよ。

すぐに片づけます。一刻も早く元の部署に返り咲きたい！

 沙知はさ、**明堂（めいどう）**って言葉を聞いたことがあるか？

044　★ MEMO: 玄関は運勢コスパを上げる最重要ポイント！

メイドウ?

中国の皇帝の謁見の間のことで、明堂の広さ＝皇帝の器の大きさ。つまり、明堂を広げれば、**自分の可能性や力量も広がる**んだ。それと同じ役割を果たすのが、玄関周りの空間。

◀明堂

なるほど。昔から玄関周りは運と密に関係していたのね。

マンションなど集合住宅の場合は玄関のたたきの部分が重要。一戸建ての家なら門から玄関までの部分、あるいは中の玄関ホール部分。**玄関が口なら、明堂は肺**とイメージしてみて。ここが広い（物が少ない）と、より多くの"いい気"を取り込めるだろう？　だから明堂をキレイにすれば運は上がるし、社会的ステータスも大きくなるんだ。

なるほど！　とにかく段ボールとかは玄関に置かないようにして、履かない靴は下駄箱にしまうだけでOKってことね！

能ある女は靴を隠す。玄関周りをキレイにしないと運勢コスパは最悪だ。どんなに働いても報われないよ。さあ、片づけよう！

……コスまる様！　ありがとう！

一緒に片づけるとは言ってないけどね。

CHAPTER1 — 運勢コスパ0.1⇒1 幸薄系女子脱却編

UNSEI COSPA_09

#デスク前の壁はキャリアの壁！

出世運コスパ 　# ポテンシャル発揮 　# 社長のデスクは視界が広い

玄関の靴を片づけて運勢コスパ急上昇！　部署復帰を果たした沙知。しかし、大量の仕事を前に嘆いているのは下っ端の宿命……？

 この資料の山は何だ？　これじゃ資料室と変わらないじゃないか。

下っ端からのリスタートだから、やることも資料も山積みなの。

 山積みなのは沙知の幸薄ポイントだよ。こんな幸薄机に座って。仕事運コスパを上げるには、明堂を広く保てって話しただろ？　**明堂っていうのは家の中だけじゃない。職場にもある**んだぞ。

まじっすか師匠、どこですか!?　すぐに片づけます！

 それは……デスク前の空間だよ。

デスク前？　いやいや、壁なんだけど？　資料山積みなんだけど？

 だから沙知は部に戻っても運が悪いんだよ。風水的には**壁に向かって仕事をしている人**って、「ポテンシャルを活かせない」「ミスばかり」「出世しない」の**不運の3拍子**がそろっているからね。

★ MEMO: デスク前の仕切りや煩雑なアイテムも出世の道を阻む。

ど、どうすりゃいいんすか軍曹。バズーカでもぶっ放しますか？

 まずは席を移動しないと、頑張ってもなかなか成果が出づらいよ。デスク前の壁はキャリアの壁。==視界が開けば出世の道も開けるのさ。==

でも、席替えなんて私の一存じゃできないよ。

 どうしても厳しいならとっておきの裏ワザがあるよ！==「入り口の扉」が視界に入ってさえいれば、いい"気"を受けられる==んだ。大々的に動けないなら、こっそり机の向きを入り口側に変えてみて。それだけで、不思議と仕事がスムーズになるよ。

なるほど。じゃあ早速ちょっと動かしてみよう。
……あっ！（資料ドサドサーッ！！！）

 ……これで一気に明堂が広がったな。

CHAPTER1 — 運勢コスパ 0.1 ⇒ 1 幸薄系女子脱却編

UNSEI COSPA _ 10

#トイレの"お香習慣"が元気をチャージ

#月曜の朝から爽やかな女　#火の元注意　#嗅覚はビジネスの才覚にも通ず

> 朝一で元気よく打ち合わせに出かけたポジ子を見送る沙知。
> あの爽やかさはいったい何なんだ？　敵わないなぁ……。

行ってきまーす！　沙知も頑張ってね！　ファイト☆

う、うん。行ってらっしゃーい。

雲泥の差だな。

どうしてポジ子は朝からあんなに元気なの!?　顔色もいいし。
昨日、私より残業してたはずなのに。

基本的には健康体で、年齢や生活リズムも同じ2人がこうもはっきり明暗分かれるのは、健康運コスパに差があるのかもしれないな。

健康運コスパ!?　どうしたらいいの？

簡単な解決策があるよ。**お香を焚けばいい**んだ。

お香？ それだけ？

簡単な開運法だろ？ 実は、==香りは運と密接に関係==していて、いわば==運のバロメーター==なんだ。極端に言えば、==運が悪い人は……臭い==！

……私も？（クンクン）

で、何で運と香りが関係あるのかというと。

ちょっとちょっとーっ！ 何でスルーするの!? 臭いの!?

冗談だよ。でも別に、いい匂いがするってわけでもないな。
いい匂いの人って、決まって運がいい人だから。

ひどい。でも確かに運気高い系代表のポジ子なんて、
匂いだけで男を100人は落とせそう。何で運と匂いが関係あるのかな？

CHAPTER1　運勢コスパ 0.1 ⇓ 1　幸薄系女子脱却編

実は五感の中で一番**人間の根幹的な感覚は、嗅覚**って言われているんだ。つまり**運のような目に見えないパワーを感じ取りやすいのは嗅覚**ってこと。それは人間の種としての一番古い記憶（嗅脳しかなかった魚時代）、奥深くの本能が働くからなんだ。

ふーん、ヒトに歴史ありだね。

余談だけど、なぜ故人にお線香を上げるか知ってるか？　ちょっとスピリチュアルな話で、霊体はもう人間と同じものを食べられないから、**香りを食べる**んだ。それがつまり、お線香の香り。

そうなんだ……なんかうれしい！　よくおやつを食べさせてくれたおばあちゃんに、お返しができてるみたいで。

そういう優しいところもあるんだぁ……。

つまり、おばあちゃんのお供え物の栗まんじゅうは私が食べていいってことだよね？　だって栗まんじゅうに香りなんてないから。

……感心して損した。まあ、そんなわけで香りは「目に見えない力」を引き寄せるんだから、もちろん運にも大きな関係がある。特に**健康運を上げるには、トイレでお香を焚く**っていうのが一番効果的な開運アクションだね。

えええぇ!?　トイレで!?

★ MEMO. 貴族に香を焚く文化があったのは、運がよくなると知っていたから。

そう。風水的に**トイレの空間は健康や家内の人間関係とリンク**するスペース。つまりここでいい香りを焚いて、いい運気を呼び込めば、自ずと元気はつらつになったり、夫婦ゲンカや姑問題が解決したりするってわけさ。ま、今の沙知に夫婦ゲンカなんて関係ないけど。

返す言葉もありませんわ。

ちなみに**玄関でお香を焚くと仕事運を上げる**ことができるよ！ 散々玄関は仕事運コスパの要だということを教えてきたから、ピンときただろ？

……う、うん、そ、そうだろうなあって思ってた。

寝耳に水だったみたいだな。例えば、昔の大きな商店の女将さんは、朝起きたら土間で必ず線香を焚いていたんだ。それだけで客の入りが倍に増えたり、客足に大きく影響するからね。

そんなに!? 香りの力恐るべし。でも、お線香じゃなきゃダメなのかな？
独り暮らしのかわいい私の家には、そんなものないけど。

それは普通のお香で問題ないよ。特におすすめは花やハーブの香りかな。フローラルな香りは幸薄系特有の"不幸臭"をブロックしてくれるから、厄除け効果もあるよ。早速、買いに行こう！ な？

何で鼻つまんでるの！ 私って、やっぱり臭い!? 不幸臭漂ってる!?

UNSEI COSPA_11

#塩は運気の調味料

#チャラ男に塩対抗　#深〜い盛り塩秘話　#はちみつでメンヘラ除け

> 鳴り止まないスマホに頭を抱えている沙知。
> コスまるが台所で何かを探しているようだが……？

本当、しつこい！　このごろ、昔合コンで知り合ったチャラ男につきまとわれて困ってるの。しかも、たまたま電車で隣になったりとか。なかなか避けられなくて……。

 そんなやつにはこれ、塩対応ならぬ塩対抗だ！

し、塩対抗⁉　どういうこと？

 まあ、簡単に言えば"盛り塩"だな。チャラ男撃退に効果的だぞ。

えええぇ⁉　塩って、霊とか邪気とかを祓うものじゃないの？

 確かに塩は邪気祓いに効果的なお清めアイテムだよ。それは"陰の気"と結びついて相殺してくれるから。沙知はそもそも、なぜ塩にお清め効果があるか知っている？

さあ。ただお葬式の帰りとかもそうだし……。

CHAPTER1　運勢コスパ0.1↓1　幸薄系女子脱却編

これは前に話した「陰陽五行説」が関係しているんだ。月と太陽、男と女、食べ物まで自然界のすべてのものは"陰の気"を持つものと"陽の気"を持つものに分けられるという考え。科学の代表とも言える元素ですら、陰陽に分けることができるんだ。

元素!?

例えば、燃やした時に黄色い炎が出るナトリウムは"陽の物質"、青や緑の炎が出るカリウムは"陰の物質"に分けられるんだ。実際、生理学的にも、ナトリウムは興奮の作用、カリウムは鎮静の作用があると言われているしな。

何だか、占いなのに科学の授業みたい。

まあ科学は占いと切っても切れないものさ。占星術は天文学、風水は地理学と密接に関係しているし。

オカルトと違って、占いにはしっかりとした理論があるんだね。

さて、ではここで問題です！
その「塩」は何の物質からできているでしょうか？

……オーディエンスでお願いします。

いや、ないよそんなシステム……。塩化ナトリウムだよ。つまり塩は"陽の気"の物質。そして"陽の気"は"陰の気"と結びついて相殺する。だから、お清めアイテムとして重宝されてきたんだ。

なるほど！　つまり、チャラ男は陰の気？

 いや、その逆。**チャラ男って、"陽の気"の塊みたいなもの**だよ。ウェイウェイ騒いだり、過剰なエネルギーに満ちているだろ？

え、じゃあ意味ないじゃん……。

 いや、実は効果的なんだ。電気や磁気と同じように、**「陽」同士は反発し合う性質**だから。つまり**盛り塩（陽の気）をすれば、チャラ男（陽の気）は離れていく**ってこと。

え、塩は「陰」も「陽」も祓うってこと？

 塩は**「気と結びついて相殺」**ってのがこの裏ワザのポイントでね。あくまで"気"を相殺するのであって"気"を持った「人間」自体は消せない。つまり塩は、ネガティブな気（不運・邪気）を遠ざけると同時に、**"陽の気が強すぎる人"除けの効果**があるってこと。

私は盛り塩のこと何もわかってなかったな……！
逆に、ネガティブな陰気男につきまとわれたら、どうすればいいの？

 そんなやつには、**はちみつ**で対抗しよう！　盛り塩のような使い方はできないけど、**少量をリップに混ぜて使うとか、食事にはちみつを多用するとか。それで陰気男を遠ざけることができる**。はちみつは"陰の気"のパワーを持っているから、反発して離れていくんだ！　**塩やはちみつは運気の調味料**なのさ！　それに、盛り塩で素敵な恋を引き寄せられるかもしれないよ。

★ MEMO　盛り塩は円錐型に先端を尖らせると効果倍増！

どういうこと！（食い気味）

もともと盛り塩って、貴族が乗っていた牛車を止めるためのものだったんだよ。当時は通い婚文化で、女性は家で愛しい人が来るのを健気に待ってたんだ。相手の貴族男は牛車タクシーに乗って来るんだけど、牛って疲れると塩を舐めたがるんだ。だから家の前に盛り塩をしておくと、牛車が勝手にそこに止まる。つまり愛しい人に来てもらうための、おまじないみたいなものだったんだ。

塩にも奥深い開運秘話があったんだねぇ。
早速、塩対抗だ！

055

UNSEI COSPA_12

#不運を洗い流す入浴法

#カビとダメンズは水分で増える　#湿気取り開運　#残り湯は邪気の温床

> CHAPTER1 — 運勢コスパ0.1⇩1 幸薄系女子脱却編

見事、勘違いチャラ男を追い払うことに成功した沙知。しかーし！
去り際に「勘違い女」と罵詈雑言を浴びせられ、最悪な気分で帰宅。

 散々な目に遭ったな。

世の中には女の敵なんて存在しない。
美人の味方かブスの敵しかいないんだ。私には敵しかいないんだ。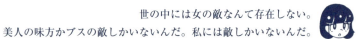

 落ち着け、こんな災難な夜はお風呂に入って邪気祓いだ。お湯をあふれんばかりに湯船に張っておいたから、勢いよく頭まで浸かって、できるだけ多くの湯を流すんだ！

お湯もったいないよ。

 今日だけ特別、ダイナミック邪気祓いだ。水と一緒に頭からつま先まで不運を洗い流してくれるんだぜ。

まじ？　お清めの儀式、行ってきまーす！

 入ったあとは、追い炊きをするとさらに効果的だぞ。野菜のあく抜きみたいに徐々に温度を上げれば、体内の不運が蒸発していく。今日は俺が同情するくらいの厄日なんだから、念には念を入れてな。

ありがとう、コスまる。一緒に入る？

 あ、僕不運ポイントたまってないんで大丈夫っす。

……。

――さっぱりして上がってきた沙知――

あー、何だか不思議と心も身体もスッキリ。
確かに邪気が祓われた気がするよ。

 な、何じゃこりゃあああ！

ええええ!?　コスまる！　どうしたの!?

 沙知、何だこのお風呂の鏡の曇りっぷりは。しかも何ですぐに風呂の水を抜かない。**邪気たっぷりのお湯**から出る湯気が湿気となり、鏡を曇らせ……運勢コスパ最悪のバスルームだ！　ゲホッゲホッ！

ああ！　コスまるがやせ細っていく！　抜いたよ！　ほら
もう抜いたから！　……で、お風呂の水はすぐ抜かないとダメなの？

 当たり前だ！　そもそもお風呂っていうのは、風水的にその家でもっとも悪い方位に作られるんだ。お風呂に限らずトイレとか「排水」機能があるところは全部そう。なぜだかわかるか？　**その方位にたまった悪い気を流してくれる**からだ。

057

CHAPTER1 — 運勢コスパ0.1⇩1 幸薄系女子脱却編

そっか。その<mark>水に悪い気が集まってるけど、流すことができるから、それでチャラ</mark>ってことね。

その通り。だけど、<mark>湯船にお湯を不必要にそのままためておけば不運の温床</mark>になってしまうんだ。

知らなかった。
でもお風呂が湿っちゃうのは仕方ないんじゃないかな。

甘い。これだから幸薄系になるんだ。換気扇を24時間回せ。<mark>お風呂の湿気っていうのは、実は恋愛運に大きく関係している</mark>んだぜ？<mark>バスルームが乾燥していて、清潔に保たれている人は恋人ができやすい。</mark>

★ MEMO: お風呂の中に鏡を入れて浸かると邪気祓い効果絶大！

ええええ!?　やばいじゃん、カビすら見受けられるこのバスルーム！

 湿気が多くても、恋人ができることはもちろんある。ただし、とんでもない**地雷の可能性が高くなる**んだ。実は妻子持ちだったとか、下心しかありませんでしたとか、結婚詐欺です、とか……。それに今回の沙知こそが、何よりの証拠じゃないか。

あ、とんでもないゲス男を引き寄せてたんだった……。

 お風呂の換気扇を常に回すだけで素敵な出会いがあったり、恋愛運コスパは上がるはずだ。

師匠。風水的に、鏡の水垢も何か悪いものを引き寄せるのですか？

 お風呂の鏡は色情運に通じていて、**鏡が曇ると夫が不倫する**って言われる。週刊誌に砲撃された幾人もの遊び人たちの家のお風呂の鏡は、彼らの人生のように曇っていたに違いないね。ま、恋人すらいない沙知には関係ない話かもしれないけ……あっ（しまった）。

……そうだよね。美人の味方とブスの敵しかないんだから、私には敵しかないよね。コスまるのこと信じていたのに。ハハハ。

 ひ、ひどいこと言われる運の流れを変えるためにも、鏡を磨こう！

CHAPTER1 ― 運勢コスパ 0.1 ⇒ 1 幸薄系女子脱却編

UNSEI COSPA_13

#天国のおばあちゃんは今でもお小遣いをくれる

#陰宅風水　#結婚に踏み切れない彼を動かす　#ご祝儀破産回避

> クレジットカードの請求書を何度も見返している沙知。
> おかしい、そんなはずはない。ウソだ。ウソだと言ってくれえええ！

一、十、百、千、万、十ま……いやいや。一、十、百、千、万……。

 12万4900円。

な、何じゃこりゃあああ！

 自分で使ったお金だろ。

ひどいよ、あんまりだ！　結婚式に次ぐ結婚式。ご祝儀破産だよ！
私は皆の幸せの生贄(いけにえ)になったんだ。もう今月、食べていけないよ。
課金しないと「Game Over」だよ？

 落ち着くんだ。

あぁ、コスまる様。どうにか今すぐ臨時収入が入る開運裏ワザを！
私の人生に「To Be Continued」のチャンスを！

 天国のおばあちゃんを頼るしかないな。

死ねっていうの⁉ この薄情ものっ！

違ぇーよ薄幸(はっこう)ものっ！ お墓参りに行けって話だよ。

は？ 墓？

そう。**お墓参りをすると運が上がる**んだぜ。神社やお寺と比べて、もっとも**私利私欲を叶えてくれる**のが、実はお墓。日本と東洋占術の本場、中国で考え方は違うけど、お墓は開運と密に関係しているんだ。

ふーん、どんな風に違うの？

中国風水の世界ではお墓の風水を**陰宅風水**と呼んで、主にお墓や遺体の向きで大地の力を引き出し、その子孫が開運しようとする。これに対して日本では、**お墓に眠るご先祖様の力を借りて開運**しようとするんだ。ハートフルな開運法だろ？

061

なるほど、それで神社やお寺じゃなくてお墓なのか……。

そう。子が親に経済的に助けられるように、特に**金運コスパがグッと上がる**裏ワザだよ。「おばあちゃん今月お金がピンチなの。助けてー！」なんてお願いすると、**お小遣いを天国から届けてくれる**んだ。ボーナスアップとか売ろうとしていた物の価値が急上昇するとか、別の形でね。

お墓参りで開運なんて、何だか欲深い気もするけど……。

もちろん、お墓参りとか先祖供養は損得でやるものじゃない。人として当たり前の感覚だ。でも、困った時に先祖が力を貸してくれるのも事実。知っておくと、とても便利だよ。金運に限らず、いろんな場面で助けてくれるから。

金運以外にも？

例えば、彼氏がなかなか結婚を決断してくれない時に、彼の先祖のお墓に直談判すると縁談がまとまるとか、逆に離婚したくてもなかなか縁が切れない時に切らせてくれるとか。

す、すごい奥の手だね。

仏になっても子孫がかわいくて仕方ないんだよ。
そういう強い気持ちがパワーになるんだろうな。

★ MEMO：東洋占術の本場、中国ではお墓＝陰宅風水が開運の主流。

……この腕時計、おばあちゃんに就職祝いで買ってもらったんだ。
何だか、おばあちゃんに会いたくなっちゃった。

大丈夫。会うことはできないけど、今でもつながることはできるさ。

どうやって？

お墓や仏壇は陰陽、つまり**あの世（陰）とこの世（陽）をつなぐモニター**なんだ。遠い星の宇宙飛行士に会えなくても、モニターがあれば意思は通じ合えるだろ？　だから**お墓を大切にすれば、いつでもつながれる**。本当におばあちゃんの背中を流すように、温かいお湯とタオルでキレイに掃除しながら"おねだり"すればいいんだよ。断じて卑しい話ではないさ。運も上がるし、おばあちゃんもきっと喜ぶよ？

……うん！

―お墓にて墓石を丁寧に洗う沙知―

おばあちゃーん、沙知だよ。もう今月ピンチでさー。どうにか
50万ほど必要なんだ。何とかなんないかなー。よろしくね♪

って、おばあちゃんからぼったくるんかーい！

063

UNSEI COSPA_14

#半畳分キレイにすれば 掃除は十分!?

#ズボラ風水　#金運満タン　#見よ、これがコスパである

> お墓参り効果か、無事に臨時収入を得た沙知。
> しかしまだ足りないのか、その手に抱えるは「金運風水お掃除本」。

何とかご祝儀破産からは免れたけど、ポジ子の貯金に比べたら私なんてまだまだ。というわけで、金運風水の本を読んでみたらやたらと掃除って書いてあるけど……やっぱり私、掃除苦手。掃除道具より家政婦が欲しいわ。面倒くせー。

おばあちゃん、もうこいつに臨時収入はいらないです。
だいたい、……俺がいるのに、何でそんな本を頼るんだ。

あれぇ、嫉妬してる？　それにしても、
掃除すれば金運が上がるっていうのは本当なの？

うーん、それは間違いないね。ただし、本当は気合入れて隅々までキレイにしなくてもOK。実はとある方位のスペース半畳分さえキレイにすれば、金運はグングン上がるって知ってた!?

何それコスパ最強じゃん。で、そのスペースってどこなの？

風水って基本的に、
いい方位からいい"気"が入ってくるということはわかるよな？

うん。よく雑誌や占い本でもやってるよね。

そう。そこで、部屋を8つの方位に分けた時にいい方位、悪い方位ってあるんだけど、その1つに「財方」っていう金運とリンクする方位があってな。この財方に当たる方位の畳半畳分くらいさえ掃除しておけば、十分にお金は入ってくるんだ。

えええぇ!? 私の家の財方はどっち!?

出し方はP66〜67で確認してくれ！

ふむふむつまり、私の部屋の間取り図では東南か。

沙知の場合、リビングの一部分だけ片づければOK。
片づける=物を置かないってこと。床が見える状態にしておこう。

なるほど、つまりこのテレビを動かしてと……これでいいのかな。

CHAPTER1 ―運勢コスパ0.1⇒1 幸薄系女子脱却編

財方でお金を増やす方法

❶家の玄関の扉の向きを調べます。
❷右ページの財方早見表からあなたの家の財方をチェック。
❸該当箇所さえ片づけておけば、金運はグングン上昇。風水上、片づけるとは「物を置かない」こと。沙知の家の場合テレビなどが置いてあったので移動。
❹財方に水槽など「水」を置くと、そこにお金が貯まることに。用意するのが難しい場合は「掛け時計」で代用できます。水と同じく"動く"作用があり、財方にたまった気を循環させ金運効率がグッと上がるのです。

☆沙知の家（P65）の場合……

玄関は西南の方位にあるが、玄関の扉は南に向かって開くため、南向きの玄関となる。つまり、財方は東南。東南にテレビを置いているが、位置を動かしてスペースを空ければ金運が上がることに。

北／西／東／南／玄関／扉／↓南向き／財方（東南）

これで金運は問題ないな。仕事運の玄関・明堂、金運の財方をキレイにしておけば、不運に見舞われることも少ないよ。それにしても、沙知の部屋は物が多すぎるな……。

だってー。こういう、インテリア小物集めるの趣味なんだもん♪

でも、開運的に必要なアイテムはないみたいだな。

ええええ、その話詳しく教えて。開運アイテム知りたい！

金運って水に集まってくるんだよ。光に集まる虫みたいにね。だから本当は水槽みたいに、たくさん水が入っているインテリア小物が財方にあれば、金運の"気"が流れて一気に収入が増えるんだ。

★ MEMO：天才タイプの人は部屋が汚くても、財方だけは自然とキレイにしている。

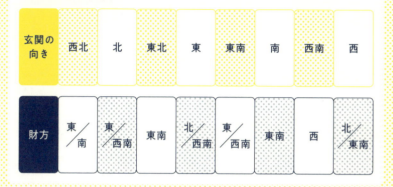

※玄関「向き」とは……
玄関の扉が開く向き(家の中から外に出る時に足を踏み出す方向)。家の中心から見た玄関の方角とは別なので注意が必要です。戸建ての2階の場合、階段を登りきった時に向いている正面の方向です。

財方早見表

玄関の向き	西北	北	東北	東	東南	南	西南	西
財方	東／南	東／西南	東南	北／西南	東／西南	東南	西	北／東南

水って言ってもねえ……アクアリウムでも買ったらいいのかしら。

 でも、現実にはアクアリウムとか、お金もかかるし難しい。そこで、誰もが持っているアイテム、「掛け時計」で代用できるんだ。実は、風水的に水は「動く」というところにポイントがあるんだ。だから、24時間動き続ける掛け時計は、水に代わって財方にたまった金運を部屋中に広めてくれるアイテムなのさ。

なるほど、じゃあそこのじんざぶろう時計を東南に持ってくれば、金運招き猫時計になるってことね!

にゃー!

UNSEI COSPA _ 15

#部屋干しは憂鬱の始まり

#布に不運が集まる　#寝るだけで運がよくなる布団
#洗濯物をためる＝不運貯金

CHAPTER1 ― 運勢コスパ 0.1 ⇩ 1 幸薄系女子脱却編

> 財方掃除を終えてじんざぶろうとごろごろしている沙知。
> 見かねたコスまるが尋ねるのであった。

 沙知、洗濯は？

うーん……あとでするよ。

 あとでっていつだよ。もうお昼、乾くものも乾かなくなるぞ。

いいよ、どうせ部屋干しだから。

 はい出ました。幸薄ポイントがたまりましたよ。
不運な出来事と交換したろか？

ごめんなさい！　洗濯にも運勢コスパをよくする方法があるの？

 あるんだが……もう間に合わないかもしれない。ズバリ、
洗濯は朝のうちに済ませて、15：00までに取り込むべし！

えええぇ!?　とりあえず、すぐに洗濯機回さなきゃ！

またまた陰陽五行説の話だけど、1日の時間もまた「陰」の気が満ちる時間、「陽」の気が満ちる時間に分かれるんだ。その切り替わりが3時。15：00〜3：00までが"陰の気"、3：00〜15：00までが"陽の気"の時間帯なんだ。

へー、つまり"陽の気"が満ちている
15：00までに洗濯物を取り込めばいいってことかな？

そう。由緒正しいお寺では、3：00を少し過ぎたころの寅の時間に汲んだ水で墨をすったり、滝行をするんだ。それは3：00過ぎの水が、一番"陽のパワー"で生き生きとしている水だから。

……でもそんなに早く起きられないよ。

もちろん現代の生活リズムの中では難しい部分もあるけど、できるだけ朝早い時間の水を使って、不運がたまった洗濯物を洗う必要があるんだ。

ちょ、ちょっと待って。洗濯物には不運がたまっているの？

うん。実は「布」は"陰の気"を引き寄せてため込みやすい素材なんだ。だから洗濯物をため込めば、アンラッキーなことが起きやすくなるんだよ。

私みたいな面倒臭がりな干物女はやばいってこと……？

069

CHAPTER1 ─ 運勢コスパ 0.1 ↓ 1 幸薄系女子脱却編

せめて干しっぱなしをやめるだけでも、効果的だけどね。
それから、部屋干しはなるべく避けよう。

確かに、リビングに不運がたまってしまうね。

現実問題として、沙知みたいな OL が 15：00 までに取り込むのは
難しいかもしれないけど、週末は実践しよう。それだけでも全然違うさ。

まず私ができることは、休日は洗濯をサボらない、
そして干しっぱなしをやめることね！

そうそう。それから、布団もこまめに干すこと。

布団は結構大変じゃないかなあ……。

でも何度も話している通り、寝ている時間にどんな気を受けるかって超重要なことだぞ。布団は、睡眠時間のすべてで肌と密着している、もっとも影響力の強いアイテムだ。そして、布は……？

あ、そっか、"陰の気"を吸いやすいのか！

そう！ だから週末は 15：00 までに布団を干して "陽の気" を吸わせておけば、寝るだけで運がよくなる開運布団になるんだ。重要なイベントの前の休日に布団を干しておくと、いい結果につながるぞ。

★ MEMO: 朝日は "陽の気" MAX！ 早起きだけで運勢コスパはよくなる。

ね、寝るだけで開運⁉　今までの裏ワザの中でも一番魅力的だね！寝るだけでイケメンが現れて、二度寝しても出世して、寝坊しても給料が倍増して……結婚⁉

さすがにそこまでは甘くないだろ……。

早く新しい出会いがないと、元彼のことも忘れられないし……。
早速私、開運のためにお昼寝をします！

いや、布団を干せよ！

明日の朝ね……。

干物女の格が違うな。

人の心は
「ころころ」変わるから
「こころ」

心という象形文字に
「こころ」という音がつけられたのは、
「ころころ」転がって
自分ではコントロールできないことに由来している。

私は、もう前に進まなければならないのに、
私の心は後ろに行きたがる。

制御を失ったガラクタの私は、
事故に遭うのを、ただ待つばかりだ。

おい急にどうした⁉ 暗い、暗いよ！ まず物理的に暗いよ。電気をつけろよ電気を。確かに、心の語源はそうだ。日本だけじゃない。中国では「心猿(しんえん)」という言葉がある。心は猿のように節操のないもの。インドには「ユジュ」という言葉が。ころころと転がる心を"縛りつける"という意味。実は「ヨガ」の語源でもある。とにかく、"心"とは自分ではどうしようもないもの。だからこそ、"身体"を動かして運命を変えていこう、という考え方なんだ。沙知は、元彼の思い出が詰まったこの部屋から、もう引っ越したほうがいい。ちょうど更新の時期だろう？ ころ合いだ。引っ越して、流れを変えていこう！ 動かないと、運は変わらないぞ。

UNSEI COSPA_16

#新居選びは運勢コスパの分かれ目

#1階住人は安定する　#幸運を契約できるハンコ
#不運からの引っ越し

> 引っ越しを決意したけど、どんな物件に住めば運勢コスパは上がるの!?
> 教えて、開運引っ越しアドバイザー・コスまる！

いったい、どんな部屋に住んだら幸薄系女子から脱却できるの？

 まずは、沙知が今後どんな人生を送りたいかによって選ぶポイントは変わってくるよ。運は漠然とよくなるものじゃない。「こうなりたい」っていう目的がある人に、運は味方するんだ。再度問おう。沙知、お前はどんな風に幸せになりたいんだ！

私は、私は……！　会社で左遷されない、彼氏に浮気されない、選んだ部屋にお化けやセールスが来ない。そんな不幸に邪魔されない夢のような生活を送りたい！

にゃ、にゃわいそう。

 (しゃべった!?) ……とりあえず安定した人生が送りたいってことだな。だったら、1階の物件を探すべきだな。

何階に住むかが、運勢コスパに関係しているの？

もちろん。住んでいる環境で運は大きく変化するものだよ。1階とか低階層に住んでいる人が受ける気は、"安定"の作用があるんだ。例えば、アパートの1階におじいさんとおばあさんが住んでいたとするだろう？　おばあさんは川に洗濯に行くんだけど、桃は流れてこない。普通におじいさんが刈ってきた柴で生計を立てられるし、仲睦まじく幸せに暮らしていくわけだ。

幸せって、人それぞれだもんね。

例えば金運なら、収入の波が少なく臨時出費にも見舞われない。1階住人の特徴は、運気が公務員の収入のように安定するんだ。

（柴刈り産業って安定してるのかな……）

一方、高層階の住人はいい運気も悪い運気もふんだんに受ける。おばあさんが最新のドラム式洗濯機を回していたら窓から桃が入ってきて、割ってみたらめちゃめちゃ金を稼いでくれる"激レアSSR桃太郎"が出現するような、とんでもなく幸運なことが起きたりしやすい。だけど、おじいさんがそのお金でラスベガスに行って帰ってこなくなる、みたいなバッドエンドもある。つまり、運のムラが激しくなりがちなんだ。

私は……おじいさんと仲睦まじく過ごせるほうが幸せだと思う。

だったら1階にしよう。運っていうのは、まずは自分がどうなりたいか、目的をはっきりさせないと変わらないからな。

CHAPTER1 ― 運勢コスパ0.1⇨1 幸薄系女子脱却編

――― 早速、不動産屋で契約書に判を押そうとしたその時 ―――

ちょっと待った！　そのハンコ、フチが欠けているじゃねーか！

あぁ。もう10年くらい使っているからね。

ハンコにも運勢コスパの良し悪しがあるんだぞ。こんな**フチが欠けたハンコで契約したら、間違いなく不幸物件**になる。すぐにハンコを買い替えに行くぞ。契約はそのあとだ！

★ MEMO．ビル街の中の平屋のような、周辺から浮いた存在の家は運気が乱れる。

ええええ!? ちょっと欠けてるくらい、問題ないでしょ。

 ダメだよ、絶対。九星をもとに考えると、**ハンコの印面にもそれぞれの方位にちゃんとした意味がある**んだ。印相学っていう、しっかりとしたハンコに関する占いの学問があるくらいだぞ。

ハンコの方位……?

 押した判を見た時に上が南、下が北になるんだ。そして、印影の左上（東南）は仕事運、右下（西北）は金運とリンクするように、それぞれに意味がある。そこが欠けていると、リンクする運が落ちてしまう。

ハンコも運と関係するなんて。これは下（北）が欠けているけど。

 下（北）は住居、不動産運を表す。つまり**その運が"欠けている"**ってこと。こんなハンコで賃貸契約……考えただけでゾッとする。

た、確かに……。危機一髪、コスまるありがとう!

 これはいろんな契約書に通じることだから覚えておくといいよ。左上（東南）が欠けたハンコでかわしたビジネスの契約は十中八九トラブルに発展するし、**この方位は同時に結婚運も表すから婚姻届なんて最悪**。おじいさん、一生柴刈りから帰ってこなくなるぞ。

（どうして昔話をバッドエンドにしたがるんだろう……）

CHAPTER1 — 運勢コスパ 0.1 ⇊ 1 幸薄系女子脱却編

UNSEI COSPA _ 17

#愛は寝て待て

#寝てたら運が上がった　#コミュ力UP　#寝る子も育つ運の枕

いよいよ新居へと引っ越してきた一同！
ベッドを組み立てている、女と猫と開運電子モンスター。

沙知、気づいているか？　たった今、引っ越し後の運気のターニングポイントを迎えているということに。

え、まじで。ベッド組み立ててるだけじゃん。

沙知は、「どっち向きで寝るか」とか考えたことあるか？　実は、人間は起きている間は自分も"気"を張っているから、流れている"気"が多少悪いものでも防御することができる。

ある程度、バリアを張れているんだね。

でも寝ている時、つまり"無意識"の時はそのわずかな反撃もできない。だからこそ、枕の向きは何よりも重要。いい気が流れる方位なら、寝るだけで、一晩中幸運がチャージできる枕になる。

一晩中!?　目が覚めたら、王子様が現れる？

かもしれないな……。特に恋愛運や対人運が上がるよ。寝るだけで、意中の人との関係や上司とのコミュニケーションが自然とうまくいく"気"を養えるからな。運勢コスパ最強だろ？

★ MEMO: 会社のデスク向きも、八宅風水で吉方位に向きを調整すると仕事運大幅UP！

本当ね！ で、どっちに向けたらいいの⁉

実は、その方位は人それぞれ。人間関係UPに効果的なのは、風水の中でも**「八宅風水」**。実は、家も人間も運勢で8種類に分けられて、その相性でいい"気"の流れを測る、高度テクなんだ。

※八宅風水の吉方位、凶方位の出し方はP82〜83をチェック！

沙知の本命卦は「震」だから、最大吉方位は「南」だね！

つまり南向きに寝れば……素敵な王子様が現れるかも！

と、言いたいところだが、「向き」とは複雑なものでね。枕の向きが南というわけではなく、**起き上がった時に顔が向く方向**が南だといってこと。これさえ忘れなければ効率よく開運できるんだ。

つまり、北向きの枕が私の恋愛運をチャージしてくれるのね！

UNSEI COSPA_18

＃見れば見るほど運が悪くなるテレビがある

＃八宅風水の凶方位　＃開運誤解あるある　＃火と電磁波は別物

CHAPTER1̶運勢コスパ0.1⇩1　幸薄系女子脱却編

> 枕の位置が決まった途端、寝転んでいる沙知。
> せっせとテレビを運んでくるのは……コスまるとじんざぶろう。

おい怠け者！　小動物に引っ越し手伝わせてんじゃねーぞ！

にゃー！

今、対人運チャージ中！　あ、テレビはそこの壁際ね。

じゃあここに置いておくね、見れば見るほど運が悪くなるテレビ。

ちょっと待ったああああ！　それはどういうこと!?

八宅風水は何も吉方位だけを教えてくれるんじゃないぞ。凶方位というものも存在する。沙知にとっての最大凶方位は西。そこに置けって言うから、これはもう見れば見るほど運が悪くなるテレビだよ。
※八宅風水の吉方位、凶方位の出し方はP82〜83をチェック！

うーん、でも私が読んだ風水の本では、テレビは悪い方角に
置けって書いてあったの。悪い"気"を吸うからって。

★MEMO：ガスキッチンは凶方位でOK。IHキッチンは凶方位NG。

  あぁ、それは誤解だね。確かに風水では「火」にまつわるものは凶方位に置くと、悪い気を燃やしてくれると言われている。

……テレビは火と関係ないよね。

  それは、火が電磁波を放つものだから。**火＝電磁波＝テレビ**と置き換えて考えられたんだ。ただ、これは間違った解釈。**テレビは実際に"燃焼"の作用なんて持ってない**。だから凶方位にテレビを置いても悪い"気"はなくならない。むしろスイッチを入れるたびに悪い方位の"気"を活性化させることになる。その結果……。

貞子より呪われた幸薄テレビになってしまうのね……。

  いやいや、俺はさすがに貞子のほうが怖いと思うけどね。あんな得体の知れない生き物を目の当たりにしたら、絶叫しちゃうぜ！

（コスまるも十分、得体の知れない生き物なんだけどなぁ……）

枕&テレビの位置はこれで決める!
八宅風水の吉凶方位

CHAPTER1 — 運勢コスパ 0.1 ⇩ 1 幸薄系女子脱却編

やり方

❶右の表であなたの生まれ年から、本命卦を調べてください。(記載されている日時以前の場合、前年になります)
❷下の本命卦別吉凶方位一覧をチェックしましょう。
❸最大吉(生気方)に当たる方位とは逆に頭を向けて寝ると運勢コスパはグングン上昇。
※布団から身体を起こした時に顔が最大吉方位を向いていればOK。
(家具の関係上難しい場合、可能な吉方位を向いて寝ると◎)
また、テレビを凶方位に置くと「見れば見るほど運が悪くなるテレビ」に……。

☆例
1988年10/10生まれの沙知の場合、右の表で調べると本命卦は「震」になります。下の本命卦別吉凶方位表を見ると「震」の最大吉(生気方)は南であることがわかります。つまり、北に枕を向けて(身体を起こした時、南を向くように)寝ると幸運をチャージできます。

各年が始まる時間			男	女
1966年	2/6	2:17	兌	艮
1967年	2/6	8:06	乾	離
1968年	2/6	13:56	坤	坎
1969年	2/5	19:45	巽	坤
1970年	2/6	1:35	震	震
1971年	2/6	7:25	坤	巽
1972年	2/6	13:14	坎	艮
1973年	2/5	19:04	離	乾
1974年	2/6	0:53	艮	兌
1975年	2/6	6:43	兌	艮
1976年	2/6	13:32	乾	離
1977年	2/5	18:22	坤	坎
1978年	2/6	0:12	巽	坤
1979年	2/6	6:01	震	震
1980年	2/6	11:51	坤	巽
1981年	2/5	17:40	坎	艮
1982年	2/5	23:30	離	乾
1983年	2/6	5:19	艮	兌
1984年	2/6	11:09	兌	艮
1985年	2/5	16:58	乾	離
1986年	2/5	22:48	坤	坎
1987年	2/6	4:38	巽	坤
1988年	2/6	10:27	震	震
1989年	2/5	16:17	坤	巽
1990年	2/5	22:06	坎	艮
1991年	2/6	3:56	離	乾
1992年	2/6	9:45	艮	兌
1993年	2/6	15:35	兌	艮
1994年	2/5	21:25	乾	離
1995年	2/6	3:14	坤	坎
1996年	2/6	9:04	巽	坤
1997年	2/5	14:53	震	震
1998年	2/5	20:43	坤	巽
1999年	2/6	2:32	坎	艮
2000年	2/6	8:22	離	乾
2001年	2/5	14:11	艮	兌
2002年	2/5	20:01	兌	艮
2003年	2/6	1:51	乾	離

本命卦別吉凶方位一覧

吉方位　運勢コスパgood！

最大吉（生気方）

ポジティブなエネルギーが流れる最高の方位。恋愛に前向きになりやすい気が流れます。自信にあふれ、異性が放っておかない存在に。心身ともに不思議とアクティブになり、自然と出会いの機会が増えるはず。モテ度もグンと上がります。

大吉（天医方）

たとえ何らかの問題に直面しても、解決するパワーを与えてくれる方位。運のバランスを整えてくれる作用が。不運に見舞われても、それを上回る幸運な出来事が期待できます。生活のリズムがよくなり、健康運がUPする方位です。

中吉（延年方）

忙しい時期や、つらい時間でもポテンシャルを発揮。タフさが芽生える方位です。頭が冴えわたり、冷静な判断ができるように。人のいいところに目が向くため、コミュニケーション力がUP。対人関係に悩む人におすすめの方位です。

小吉（伏位方）

逸る気持ちを鎮める作用があります。焦って無駄なミスやトラブルを起こすことを避け、確実に成果を上げられるでしょう。カッとなるのを防ぎ、穏やかさを引き出す効果も。そのため、夫婦や家族との良好な関係を引き寄せます。

凶方位　運勢コスパbad……

最大凶（絶命方）

精神が不安定になる作用を持つ方位。ネガティブな気が流れ続け、不運の連続に。普段ではありえないミスをしたり、信頼している人から非難されたり。この方位にはあまり物を置かないほうが◎。何もいいことがない、最悪の方位です。

大凶（五鬼方）

内側に眠る怒りや衝動を呼び覚ます方位。自分を抑えられなくする作用があるため、大きな失敗を引き起こします。大事な人に八つ当たりや責任転嫁をしたり、時には理不尽に傷つけてしまうことも。信頼を損なう気の流れなので避けて。

中凶（六殺方）

男女間のトラブルを招く方位。浮気や不倫に魔が差す、あるいは相手に裏切られる運気。寝つけない気が巡るため、不眠症に悩まされることも。重要なメールのアドレスを間違えたり、書類上の誤りから大失敗することも。凡ミスが増えます。

小凶（禍害方）

上辺だけの賛辞やご機嫌取りに惑わされる方位。真に受けていると痛い目に。長話で仕事の邪魔をされたり、隙を見せると恋愛に横やりを入れられることも。疲れを取りづらい気が巡っているので注意。なかなか前向きになれない方位です。

CHAPTER1 ― 運勢コスパ0.1⇨1 幸薄系女子脱却編

UNSEI COSPA_19

#産土神様は
あなたの開運担当大臣

#生まれ故郷の神社に注目　　#生涯守護神　　#神社参拝キホンのキ

引っ越しも一段落したところで、神社に連れ出される沙知。
やっぱりその土地の神様に挨拶をするのって大事？

はぁ、疲れたね。で、何で神社に？

 ここは<mark>沙知だけの特別なパワースポット</mark>だからね。

え、何そのプレミアム感!?

 ここは沙知の<mark>産土神</mark>が祀られている神社だよ。幸薄っぷりを払拭してくれる、ありがたーい神様が祀られているんだ。

産土神……？

 沙知が生まれた土地、つまり<mark>故郷を守る一番大きな神様が産土神</mark>さ。子供のころ初詣に行っていた神社のこと、覚えてる？

うん。○○天満宮。……あ。ここも××天満宮か！

そう。沙知の産土神様は天満様ってこと。実は人間にとって、産土神はとても重要な存在。スピリチュアル的な表現をすれば、見えないところで沙知と「つながっている」存在だ。そして大きなトラブルや不運な出来事に見舞われないよう守ってくれているんだよ。

へー。私の運の守り神ってことね。

天満宮は沙知の開運担当大臣だな。だから沙知は天満宮に、新居で厄介なことが起こらないようお願いしておけば、幸薄系を脱却できるってわけさ。

でも、私の故郷の○○天満宮と、ここの××天満宮は別の存在じゃないの？　神様に「いや、そんなん私に言われましても……」って困惑されないのかな？

同じ系列の神様は、全国で情報を共有しているから安心して！　例えば、福岡で生まれてHKT神という産土神がいて、踊りながらその土地の人々を厄災から守っていたとするね。

……その神様、総選挙で選ばれてそうだね。

でも、新しい土地に引っ越して、神社のテリトリーから出て生活することになった。しかし！　そこにはAKB神という神様がいて、同じように踊りながら人々を幸せにしていた！

なるほど、違う神様だけど、系列は同じね。

そう。すると、**HKT神がAKB神に連絡を入れてくれる**わけ。今度、沙知っていう子が上京します。なかなか運の悪い子だけど、何とか守ってあげてねーって。

ありがたや……。

それを受けて、AKB神が沙知を新しい土地で、大きな災難に見舞われないように守護してくれるんだ。

なるほど。じゃあ系列の神社はすべて産土神ってことなの？

そうだね。例えば天満宮なら天満宮、八幡宮なら八幡宮って名前が同じだとわかりやすいよね。それはすべて、どこに行っても産土神だから、参拝すると運勢コスパが上がるよ。

でも、同じ名前の神社が近くにない時はどうするの？

実は、究極に分ければ、**日本の神社は2つの系列しかない**んだ。元をたどれば、秋元さんを祀る神社とつんく♂さんを祀る神社の2つしかないみたいなイメージだね。だからAKBもHKTも近くにはなくても、乃木坂とかみたいに名前の違う神社でOK。例えて言えば、究極の産土神様は秋元さんなんだから。

実際、どんな神様が私たちを守ってくれてるの？

1つは**大国主命（出雲大社）**を代表とする、日本古来の**国津神**、もう1つは、**天照大神（伊勢神宮）**を代表とする高天原から降りてきたとされる**天津神**。近くの**神社**の**御祀神**を調べれば、そのどちらかがわかるよ。

なるほど。とにかく私は、私の産土神様にきちんとお願いしないとね。どうか私を、総選挙で勝たせてください！

いや、何を目指してんだ。

って、コスまるが踊るんかーい。

CHAPTER1 — 運勢コスパ 0.1 ⇒ 1 幸薄系女子脱却編

UNSEI COSPA_20

＃未練ゴミの回収日は旧暦カレンダーをチェック！

＃促進の白い月　＃収束の黒い月　＃ネットオークションのコツ

> 彼氏に捨てられたのは、彼が浮気相手を選んだから。今宵は満月。
> 沙知はいつか元彼と一緒に見たあの月に思いを馳せるのだった。

シクシク……シクシク……。

 （ハンカチ、スッ）

……ハンカチ王子！

 いや、コスまるだわ！　それより、いい加減忘れたら？二股元彼のことは。

だって……結婚すると思ってたんだよ？　私の20代を返してよ。

 でも彼は去った。未練なんてゴミだよ。さっさと捨ててしまおう？

それができたらどんなに楽か……。人生のコスパが悪いってわかってる。でもどうしようもないの。写真すら消せないのよ。

今日は、満月。そんな未練ゴミを捨てる、絶好のタイミングだぞ。
ほぼ月に一度の未練ゴミ回収日なんだ！

ぜひ回収していただきたいのですが、収集車が見当たりません。

実はですね、月の満ち欠けというものは、
昔から運勢コスパに大きく関係しているんですよ、お嬢さん。

どういうことでしょう？

例えば、インドでは新月（何も見えない状態）から満月までの半月を「白い月」、満月が新月まで欠けていく半月を「黒い月」って呼ぶんだけど。

何だかとってもおしゃれだね。

西洋でも東洋でも、昔はこの月を頼りに行動を決めていたんだ。
旧暦カレンダーは月の満ち欠けをもとにしたものだしね。

月のパワーが運気に関係しているということかな？

察しがいいな、その通りだよ。「白い月」には、「発展」のパワーがある。
つまりこの期間に種を蒔けば、グンと成長するってこと。恋も仕事も習い事も、必ず芽が出て右肩上がりに伸びていくんだ！

確かに運が満ちていく感じがするね。でも今日は満月よ？
これから運は欠けていくってことじゃないの？

 いいや、そういうわけでもない。「黒い月」の期間は、逆に「終わらせる」ことに向く運気なんだ。会社をやめたいとか、恋人と別れたいけど後腐れなくしたいって時に運が味方して、スムーズにことが進む。縁切りには絶好のタイミングだな。

じゃあ……。

 そう、今日思い出の写真やアイテムを捨てれば、自然と元彼への未練も月と一緒に欠けていくってわけさ。逆に「白い月」の期間に未練ゴミを捨てても、未練が大きくなってしまいかねないんだ。だからこそ、満月になる、ほぼ月１回の未練ゴミ回収日を逃すな！ 感情は自分ではコントロールできないからこそ、運の流れに頼ってみたらどう？

……わかった。写真は消す。でもこの指輪は……指輪だけは……！

★ MEMO：月の周期的に19、38、57歳の誕生日は、人生のリスタートに◎。

沙知……。

 ネットオークションに出す！

 って売るんかーい！ そんなことしたらダメだ。

 あれ？ 意外と人情派なのね、コスまるは。

 いや、そういうことじゃないよ。今言ったばかりだろ？ 今日から月は欠けていく。ネットオークションに出しても、値段は下がっていくばかりさ。半月待って「白い月」の期間に出品すれば、値段がどんどんつり上がっていくってわけよ！ ウヒヒヒヒ。

 何と……余も悪いのぉ〜。悪代官。それにしても、旧暦カレンダーは運勢コスパに大きく影響しているのね。

 そうだな。日常生活でも、役立つシーンがたくさんあるよ。例えば、「白い月」でヘアカットや爪切りをしてもすぐに伸びるから「黒い月」の期間にするとか。逆に新しい趣味や習い事を始めるタイミングを「白い月」にすれば長く続くけど、「黒い月」に始めたことは三日坊主になりがちだね。

 私のダイエットが長続きしないのも、黒い月のせいだね。

 旧暦カレンダーはもちろん販売されているものもあるし、スマホのアプリもあるからDLしておくと便利だね。

UNSEI COSPA_21

#腹八分目の
功徳(くどく)ダイエット

#汁物→お酒=幸運　#食事の中にも運勢コスパ　#運気高い系はがっつかない

CHAPTER1 ― 運勢コスパ0.1⇒1 幸薄系女子脱却編

> いっぱい泣いたらお腹がすいて、近くの回転寿司にやってきた沙知。
> いやー、疲れた。まずは、とりあえずビールっしょ！

その前にあさり汁を飲んだほうが運が上がるぞ。

えええぇ!?　あさりってラッキーフードなの？

食事にまつわる開運の話だ。**お盆の上にも吉方位**があったり、実は**料理作法にも陰陽五行の占いが見え隠れ**するんだ。

ふーん。で、何であさり汁？　しじみ汁じゃダメなの？

どっちでもいいよ。**お酒を飲む前に汁物をいただく**。これだけで不運を祓えるんだ。懐石料理ってあるだろ？　まずは食事をして、最後にお吸い物(汁物)が出てくる。そこから酒席に切り替わるわけだ。**食事と酒席の切れ目(境目)が汁物**ってことなんだ。

それと運と、どう関係があるの？

お酒は以前はもっと神聖なもの、神のものとされていたんだ。**食事は人間界のもの、お酒は神界のものを意味している**。それをごちゃ混ぜにしてしまうと失礼に当たり、運気も落としてしまう。

★MEMO：お酒は清めの汁。正しく飲めば体内の邪気を洗い出してくれる。

そこをしっかり分けるために、汁物を挟むってことね。
じゃあ、最初にビール飲んじゃったらダメ……？

お酒の前に飲めば、しっかり**切れ目を作りましたってアピールできる**から大丈夫だよ。だからまず、あさり汁を注文しよう！

あと、から揚げ、出し巻き玉子、フライドポテト……。

腹八分目くらいに抑えるほうが運勢コスパは上がるんだけどな。

そ、そんなバカな！

江戸時代の**水野南北**（みずのなんぼく）っていう占い界のレジェンドが、**「食事は腹八分目で抑えることで功徳を積める」**と唱えたんだ。10食べてもいいところを8食に抑える。つまり残りの2食の分は世間に還元される（＝功徳）から自分にいいことが返ってくる。単純にダイエットにもなるしね。

運を上げながらダイエット……功徳ダイエットね。
私もチャレンジしてみる！ 明日から！ あ、炙りサーモン追加で！

UNSEI COSPA_22

#ボーナスは暖簾(のれん)で割り増し

#簡単風水　#悪い流れを遮断　#空気の流れを変えるだけでこんなに？

> ボーナスが支給された。なぜだ。なぜ下がるんだ。
> これじゃショッピングにもいけないよ！　と、嘆く沙知であった。

あぁ……やっぱりボーナス、前回より大幅ダウンだよ。コスまるが来てから、少しずつ仕事運も金運もよくなってると思ってたんだけどな。今日はショッピングでもって思ってたけど、これじゃ何も買えないや。

運勢コスパを上げるためのアイテムを買いに行こう。
実は、この部屋にどうしても足りないものがあるんだ。

何？　招き猫とか龍の置物とか？

そんな高価なものじゃない。暖簾だよ。

の、暖簾？　そんなものがいったい何の運を引き寄せてくれるの？

引き寄せるんじゃない。入ってきた"気"の流れを変えるんだ。

確か、いい"気"は玄関から入ってくるんだよね？
それで明堂を通って、このリビングまでやってくる。

その通り。沙知は今のところ、しっかり玄関も明堂もキレイにしているから、仕事のチャンスをつかんだり人間関係をよくする"気"が入ってきていると思う。ただし！

ただし……？

廊下とリビングの間。ここに暖簾をかけると、さらに効果的だ。**入ってきた"気"を一度受け止めて**、部屋中に**行き渡らせる**ことができる代物だからな。いわば**幸運のクッション**ってわけ。

なるほど。確かに遮るものは何もないからね。
でも暖簾がなかったら"気"はどこに行ってしまうの？

そのまま**ベランダから抜けていく**だろうな。もちろん窓もカーテンも閉めていれば大丈夫だけど、ずっと閉めてるわけじゃないからな。それに、**"気"の流れ**というのは沙知が想像しているよりずっと速い、**急流**みたいなものなんだ。だから、ただ**出て行くだけじゃなくて**、家の各ポイントにある**いい"気"も一緒にかっさらって外に漏れてしまう**。こういう家は、**漏財宅**って言って、**運が逃げる構造**なんだ。

095

CHAPTER1 ― 運勢コスパ0.1⇩1 幸薄系女子脱却編

え、もったいない。せっかく呼び込んだ"気"なのに。

そうだろう。だからこそ暖簾が必要なんだ。栄養満点のものが入ってきても、すぐに吐き出したら非効率的だろう？　しっかり身体中に栄養を行き渡らせるほうがいいに決まってる。せっかく部署復帰したりいい運気が入ってきているんだから、暖簾でいったん受け止めて、部屋中に巡らせなきゃ運勢コスパ悪いよ。

単純に、ドアを閉めておくだけでは意味ないの？

もちろん、ドアがあれば閉めておけば、"気"が抜けていくこともない。だけど、沙知の家みたいなワンルームマンションで仕切りがない場合は、暖簾がとても効果的だよ。

よし、今すぐ暖簾を買いに行こう、コスまる！

つるした時に顔の高さくらいになる長さがベストだな。口元の高さで"気"が循環すれば、呼吸とともにグングン吸収できるからね。

私はインテリアに凝るからね。暖簾は暖簾でも世界に1つだけしかないような、いいものを見つけるわよ！　いざ、銀座へ！

そのボーナスだとあれだから、近くのホームセンターにしよう。

……そうでした。ハハハ。

★ MEMO: 箪笥（たんす）の「角」など尖った箇所の延長線上には、悪い"気"が巡るので注意。

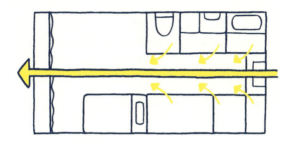

幸運を逃す
漏財宅の特徴

暖簾がない場合

玄関から入ってきた"気"が明堂にたまり、リビングに流れるのはいいが、その間に気が加速し、各所の気をさらって窓から逃げてしまう。

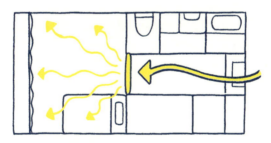

幸運が
循環する
部屋の特徴

暖簾がある場合

明堂にたまった気が、いったん暖簾により足止めされ、緩やかなスピードでリビング内に入ってくる。その結果、いい"気"が部屋中に行き渡る。

CHAPTER1 ― 運勢コスパ 0.1 ⇩ 1 幸薄系女子脱却編

UNSEI COSPA_23

#ライバルの芽を摘む最強の ガーデニングがある!?

#金持ちケンカせず　#背高植物は強敵を呼ぶ　#ライバルの少ない女

暖簾を買いに行ったはずの沙知が持ち帰ったのは、
大きな大きな植木でした。……それ、買ってきたの、刈ってきたの?

ルンルン♪　おや、ご機嫌だね〜、いったいどうしたんだい?
……って聞いてよ。

 ゴ、ゴキゲンダネ、イッタイドウシタンダイ、ソレ。

コスまる、この前、花の香りが幸運を呼ぶって教えてくれたでしょ?
だから、お花買ってきたんだ〜♪　久しぶりに女子っぽいことし
ちゃった♪　今度合コンに行くし、女子力磨かなきゃ♪

 いや、それ花っていうか……ほとんど木じゃん。普通花って言ったら、
もっとこう、かわいいやつじゃないのか……?　何だそれは。

 キンモクセイ。

 あぁ、もうあきまへんわ。せーっかく最近
運勢コスパ上がってきよったのに、これじゃ台無しでっせ。

何やて!　植物で運上がる言うたのは、おたくやあらしまへんか。

せやかて、常識的なサイズっちゅうもんがあるやろ。こんなん2階にまで迷惑かけてまうで。どうしてお前はそう、いつも突拍子もない行動に出るんや。

……えらいすんまへん。

それになあ、いくら植物や言うてもな、**自分より背の高いものが敷地内にあると運勢コスパは一転、最悪**やで。

……まじっすか？

この裏ワザの起源は平安時代にまでさかのぼるんだけど、沙知は知ってた？　実は占いは、今みたいに庶民も親しめるものではなく、**高貴な人たちだけが嗜める、ステータス**みたいなものだったんだ。

099

そうなんだ。でも確かに、今でもセレブや政治家、
上流階層の人たちほど活用しているイメージがあるよね。

 その名残かもしれないね。で、その高貴な人たちは、一般人よりも
高床の屋敷に暮らしていたんだ。それはなぜかっていうと、**庭にある木なり灯籠（とうろう）なりが、自分より背の高いところにあると運気が下がってしまう**から。

へー、でも何で運気が落ちてしまうの？

 **自分を見下げる存在、
つまり強力な敵やライバルの存在を暗示**しているからさ。

自分を超える存在を常に近くに感じているのは、確かに縁起悪いね。

 だろ？ そのキンモクセイは、沙知の女子力UPではなく、合コンでいい感じになった男をかっさらっていく、才色兼備なライバル美女を暗示しているんだ。さらに皮肉なことに、キンモクセイの花言葉は「気高き人」。とんでもないやつが現れるぞ、これ。

折っていいかな？

 いや、ひどすぎるだろ。返品してこい。さもないと
沙知が"合コンから返品される"みたいな運気に逆戻りだぞ。

そんな……。

★ MEMO：戸建ての場合、門から玄関まで（明堂）は小さい植物も置かないほうが運勢コスパ◎。

でも、ポジティブに考えるんだ。逆に、腰から下ぐらいの高さの健全なガーデニングは、花の香りで運気は上がるし、ライバルを寄せつけない。合コンでも仕事でも無双できるかもしれないぜ。

なるほど！　確かにサイズ感を守ってガーデニングを楽しめば、運勢コスパ最強だね。

セレブってだいたいこういう風水的なことを自然とクリアしてるから、争いが少ないんだよね。見栄を張ってドデカいクリスマスツリーを飾ったりする人は、意外と職場で人間関係がうまくいっていない人なんだ。

でもさー、例えばこの部屋のすぐ脇には電柱があったり街灯があったり、そもそも1階だし。私はどうあがいても敵だらけってことにはならないの？

もちろん、敷地の中だとか外だとかいうのは人間の勝手な決め事。距離的に近ければ敷地の外であろうが隣の庭であろうが影響はある。だけど、せめて自分の敷地内だけには自分を追い上げる存在、見下げる存在がないようにすれば不運の数はグッと減るよ。

なるほど。じゃあ、せっかく買ってきたけど、これは……ネットオークションに出すよ。

そっか、それなら安心だ……って売れるかーい！

CHAPTER1 — 運勢コスパ 0.1 ⇩ 1 幸薄系女子脱却編

UNSEI COSPA_24

#貧乏ゆすりが金運を ガタガタ落とす

#幸薄系アクションの代名詞　#運と品はセット
#無意識にやっていた人は拡散

> 合コン会場一番乗り。やがて現れる百戦錬磨のOL、イケメンたち。緊張。ガタガタ。貧乏ゆすりが止まらない。止まらないよおおおお！

（ガタガタガタガタ……）

おい。やめろよ、みっともねえな。**貧乏ゆすりなんて幸薄系代表**みたいなアクションだぞ？　せっかく恋のチャンスだって時に、運勢コスパを下げるのはやめてくれ！

緊張しているか弱いレディーに、もうちょっと優しくできないの？

か弱いレディーはキンモクセイ片手に帰ってきたりしねーよ。

……確かに。それにしても、マナー的に貧乏ゆすりがダメなのは
わかるけど、運勢的にもダメなの？

そう。**運勢コスパの悪い人って、決まって無駄な動きが多い**んだ。貧乏ゆすりしたり、やたらと手足を動かしたり。例えば、今求めているであろう「理想の出会い」とか「楽しい時間」を実現させる**"い**

★MEMO：人相占いは手相や顔相だけではなく、動きのクセからも性格がわかる。

い運気"ってのは、沙知の中にコップがあって、そこにたまっているものだとイメージしてくれ。

全然たまってない気がするけど……水漏れかしら？

 ……量はさておき。貧乏ゆすりに代表される「無駄な動き」が、そのコップを揺らして中身をどんどんこぼしてしまうんだ。だからそのクセは絶対に直そう。今後運勢コスパが上がっても台無しになるぞ？

運を下げる習慣ってことね、気をつける。

 他にもいくつか代表的な"幸薄系アクション"があるから気をつけるように。詳しくはP104〜105をチェック！

はい、コスまる先生！（ガタガタ）

 言動と行動が一致してねえ……。どんだけ緊張してんだ。

CHAPTER1 ― 運勢コスパ0.1⇩1 幸薄系女子脱却編

運勢コスパが
悪い人はやっている！
#幸薄アクション一覧

❶ 目が充血している

いわゆる事故相。事故やトラブルに巻き込まれる可能性を示すため、要注意。また、人相では白目は本能、黒目は理性を表します。白目が充血＝本能に赤い線が入っていると、血気盛んになりがち。失礼な態度を取ったり、人と衝突して痛い目を見ることに。

❷ 無表情

人相でもっとも重要なのは表情。表情が乏しい人のほとんどは、運の悪い人。赤ん坊は、微笑んだり親の表情が動くのを見て初めてコミュニケーションを取ろうとするそうです。作り笑いでも◎。口角を上げるだけで、感情も運も豊かになります。

❸ 身体を動かさない

運を起こしたければ心を動かす必要があり、心を動かすには身体を動かすのが効果的です。つまり、運を起こす＝身体を動かすということ。何かを待ったり念じても変わりません。始めの一歩を踏み出しさえすれば、運の上りエスカレーターに乗れるのです。

❹ 額に手を当てる

人相の中でも、特に額は仕事運、職場の人間関係を表します。無意識に額に手を当てる人は、文字通り、目上にある額に手をかける＝上司とぶつかるということ。上司や取引先など"目上の人"と衝突しやすい運気になります。クセがついている人は直しましょう。

❺ 手に顎を乗せる

パソコンやテレビを見る時に、肘をついて手に顎を乗せるクセがある人は、部下と折り合いがつかない運気。顔の下＝目下の人間とぶつかる暗示。無意識にプレッシャーをかけて評判を落とすので注意。また、家庭の人間関係にも不穏をもたらすことが。

❻ やたらと手を動かす

運がいい人の特徴は「堂々としている」こと。真逆なのが、いわゆるオーバーアクション。やましさやウソを見抜かれてはいけないという緊張が現れると、自然に動作が大きくなり運気を下げることに。敬意を保ちつつ、卑屈にならないことが重要です。

❼ 下を向いてキョロキョロする

人相の世界では犯罪者の相、スリの相とも呼ばれる、挙動不審の代表的な特徴です。「目を合わせない」というのは相手に不安感や疑心を与え、よくない気が生まれます。商談や相談事は相手の目を見てお願いするだけで、成功率はグッと上がるのです。

105

UNSEI COSPA_25

#迷っても必ず正解する女

#東洋占術上級テク　#迷った時に手ぶらでできる　#2人の男で迷ったら

> 2人の男から連絡先を聞かれる健闘を見せた合コンから一夜。
> もう失敗はしたくないお年ごろ。どっちを選べばいいの、コスまる！

 なかなかの人気だったな。運勢コスパが上がってる証拠だな！

……もう少し、私のポテンシャルをほめてくれてもいいのでは？

 で、どっちにするんだ。優しくてまじめそうな公務員のムサシさん、イケメンベンチャー企業社員、コジロウさん。

結婚するならムサシさんが安定していていいかもしれないけど、コジロウさんもイケメンで鼻高だしな。もう、迷っちゃう♪

 ちょっとスマホ貸せ。2人からのLINEを見せてみろ。どれどれ……なるほど。ということは、ムサシに猛アピールが吉だ。

えええ!?　何で？

 迷った時は、時間で易を立てる"時間立卦（じかんりっか）"が間違いないぞ。

じ、時間立卦？

そう。<mark>易っていうのは東洋占術の基礎</mark>である、陰陽五行説の「陰陽」をベースにした占い。八卦と呼ばれる自然を象徴する8つの卦で運勢を占うんだ。時間立卦はそれを応用して、時間で吉凶がわかる。

※八卦については、P109をチェック！

時間!?

そう。<mark>占いたいと思った時間</mark>、あるいは<mark>占いたい事象の起こった時間</mark>で占うことができるんだ。つまりは、八卦の組み合わせ（64卦）の意味がわかっていれば手ぶらで本格的な決断ができるってこと。

それでムサシに決まったの？

占い方を説明しがてら、なぜムサシが、沙知の彼氏候補に選ばれたのかをひもといていこう。まず、落選したコジロウについてだが、

CHAPTER1 ― 運勢コスパ0.1↓1 幸薄系女子脱却編

彼が最初のメールを送ってきたのが今朝の7:08。まず朝早いよね。眠いよね。非常識だよね。

（それはいいのでは）

※64卦解釈一覧表（P110〜111）と照らし合わせながら読んでみましょう。

で、時間と64卦の解釈から見るに……まず7時は山を表す「艮」の卦、8分は地を表す「坤」の卦。まさに山が崩れて地となってしまうような運気ってことだ。この2つが組み合わさって考えうることは、騙されたり不倫関係を暗示しているようだね。つまり……コジロウは本気のふりをして遊びたいだけかもしれないし、下手したら既婚者の可能性もある。ろくな結果にはならないだろう。

コジロウ、最低。確かにチャラそうなところが不安ではあったの。

さて、一方の堅実公務員ムサシさんが送ってきたメールは……8:45。8時は地を表す「坤」の卦。45分は8で割ると5余りだから、風を表す「巽」の卦。春風が吹いて、気が地中からグングン伸びていく希望が湧くイメージだ。組み合わせると、焦らず関係を進めていけば、大きな喜びにたどり着くことを暗示しているね。つまり、沙知にその気があれば、うまくいく関係だってことだよ。

なるほど。やっぱりムサシね。それにしても便利な占いだねこれ。

そうだろ？　ネット通販で迷った時、転職先に迷った時……。迷える子羊の道標となる占いだから覚えておこう！

最近、何だか幸薄系を抜け出してきた気がするけど、これでさらに運気高い系に近づいた気がする！

★ MEMO. 卦の解釈は連想ゲーム。一覧はヒント。己の感性を最優先して。

八卦が表す意味

【天のイメージ】
寛大・威厳・純粋・正直・円満を連想。ラッキーパーソンは父、方位は西北、ナンバーは4もしくは9、カラーは赤・白、季節は晩秋〜初冬、天気は晴れを表します。

【沢のイメージ】
笑顔・歓喜・娯楽・色情・卑劣・偽善を連想。ラッキーパーソンは末っ子の女性、方位は西、ナンバーは4もしくは9、カラーは白、季節は秋、天気は雨曇りを表します。

【火のイメージ】
発明・礼儀・疑惑・美麗・装飾・顕著を連想。ラッキーパーソンは中間子の女性、方位は南、ナンバーは2もしくは7、カラーは赤・紫、季節は夏、天気は晴れを表します。

【雷のイメージ】
成功・才能・勇敢・速力・憤怒・驚愕・奮発を連想。ラッキーパーソンは長男、方位は東、ナンバーは3もしくは8、カラーは青、季節は春、天気は雷鳴を表します。

【風のイメージ】
恋愛・多欲・利益・命令・不決断を連想。ラッキーパーソンは長女、方位は東南、ナンバーは3もしくは8、カラーは青・白・緑、季節は晩春〜初夏、天気は風を表します。

【水のイメージ】
困難・忍耐・妨害・曖昧・法律・通達を連想。ラッキーパーソンは中間子の男性、方位は北、ナンバーは1もしくは6、カラーは黒、季節は冬、天気は雨を表します。

【山のイメージ】
高尚・丁寧・頑固・障害・渋滞を連想。ラッキーパーソンは末っ子の男性、方位は東北、ナンバーは5もしくは10、カラーは黄、季節は晩冬〜初春、天気は曇りを表します。

【地のイメージ】
温厚・丁寧・平均・労働・疑惑・空虚を連想。ラッキーパーソンは母、方位は西南、ナンバーは5もしくは10、カラーは黄、季節は晩夏〜初秋、天気は曇りを表します。

時間立卦　64卦解釈一覧表

やり方

❶ 何かの事象について占いたいと思った瞬間の時刻を確認します。

❷下の表から、占う時／分の数字（8を超える数字の場合、8で割った余りの数字）に該当する卦が交差する箇所をチェックしてください。

※0や8で割り切れる数字は8とみなします。

時／分	1（乾）	2（兌）	3（離）	4（震）	
1（乾）	上り調子。積極性が吉。見かけ倒しに注意が必要。ブランド品は◎。	調子に乗ると勢いが半減。ほどほどに。口が災いして孤立しやすい。	大成長を遂げる。ボーナスタイムなので積極的に。目移りに注意。	空振りに終わる気配。うぬぼれは身を滅ぼす。冷静に判断すること。	
2（兌）	流れに身を任せると危険。単独行動はNG。年上に判断を任せて。	ちょっといいことが。あと一歩で大満足できる。余計な一言に注意。	意見の不一致が。上辺だけではごまかせない。財布のひもを締めて。	手順を再確認する必要がある。不正はいずれバレる。異性に溺れる予感。	
3（離）	同情を買いそう。心強い味方の登場。できるだけ多くの人と接点を。	大きな変化があるかも。思い切った方針転換で事態は好転。転職は吉。	理性的言動が吉。気が変わりやすい。書類上のミスがトラブルに。	即断即決。スピード感が運を味方につける。勝ち試合を逃すことも。	
4（震）	現状維持が吉。慣れないことは裏目に出やすい。自然災害に注意。	流れに身を任せて。無理しても突破はできない。好機は再度訪れる。	最終決戦。逃げずに立ち向かうと勝利。どうにかできるレベルの障害。	胸が躍るのは最初だけ。計画倒れ。起こったことにあまり意味はない。	
5（巽）	予期せぬ出会いの予感。強い異性がカギ。ギャンブルは失敗しそう。	老朽化が進む。肩の荷が重くなりそう。身の丈に合った選択を。	自他の意見を融合させると吉。人脈を築ける。三角関係の予感も。	真新しいものに毒が。手堅く続けること。路線変更は災いを招く。	
6（坎）	争っても負ける。予想が外れやすい。裁判沙汰にならないよう注意。	苦しさの極み。理不尽な出来事があるかも。1人で抱え込まないこと。	前途多難。嵐が去ってから決断を。手を抜くと飲み込まれる。	いいことは暗転、悪いことは好転。一喜一憂は無駄。解決の糸口が。	
7（艮）	引き際。今止まらないと事態はさらに悪化。見栄を張ると痛い目に。	直感で選んだものが正解。感性がいつになく豊か。告白は大吉。	心が不安定に。将来が心配になる。旅行や引っ越しがいいきっかけに。	おせっかいは不快感を与える。人を刺激しないように。孤立する恐れ。	
8（坤）	思った通りには進まない。当たり前が成り立たないかも。苦労が多い。	活性化する。よくも悪くも交流が盛んに。ライバル出現の予感。	迷わず進むべき。運の後押しに期待大。世に名を売るチャンス。	いよいよ実を結ぶ時。気を抜くと台無しに。ゆとりを持って。	

CHAPTER1 ─ 運勢コスパ0.1↓1 幸薄系女子脱却編

☆例

2：06の場合、2（兌）と6（坎）の交差する箇所の解釈を参考にしてください。15：48の場合、15÷8＝1余り7なので7（艮）と、48÷8＝6、余り0なので8とみなし、8（坤）の交差する箇所の解釈を参考にします。

5（巽）	6（坎）	7（艮）	8（坤）	時/分
予定が狂うことに。心が乱れるきっかけ。倦怠期が訪れる気配。	コーヒーを飲んで落ち着いて。時期尚早の可能性。焦りは禁物。	蓄えにまだ手をつけないこと。さらに増える。待ちの姿勢が功を奏す。	安心して見ていられる。勝負事は先制点がカギ。尻すぼみになりそう。	1（乾）
仲間とともに成果を上げる。協調性がカギ。ハートフルな時間。	お酒やクレジットカードに注意。誘惑に負けるとすべてを失う。	ハイリスクハイリターン。攻め時。結果的に得をする暗示。	臨機応変に対応できるかで変わる。行動力が高い。心が移ろいやすい。	2（兌）
攻めよりも守りを固めて。比較的平穏。家族間のトラブルに注意。	最後のピースははまる。安定に全力で維持できる。高いレベルで維持できる。	外見で選ぶと痛い目に。騙されやすい。軽薄に見られがち。	成果に見合う評価が得られない。苦労ばかりで腐る。事故に注意。	3（離）
目先の利益より最終目標を大事に。新しい物事は◎。昇給のチャンス。	思ったほど成長しない。突飛な行動は凶。試練が訪れる予感。	口論になる。慎重なコミュニケーションを。大言壮語が首を絞める。	挽回のチャンスが。復活愛の暗示。すべてを取り戻すような勢い。	4（震）
迷う要因が多い。結局は自分で決めるのが吉。通販で掘り出し物が。	居場所が窮屈に。裏方と割り切って。粘り強く続けると化ける。	不注意で一気に崩れる。取り返しがつかない。先送りにしないこと。	うれしいことが多い。迷わず選ぶべき。時間をかけて大きな幸運に。	5（巽）
運の変わり目。上司が援助してくれる。仲間割れに気をつけて。	滝底に落ちるよう。もがくと抜け出せなくなる。異性関係の整理を。	ゴールが想像できない。行き当たりばったり。勉強事がはかどる。	群れるほど問題は増える。他人の世話に忙しい。懐事情が厳しくなる。	6（坎）
徐々に前進していく。駆け足はもつれる。周到に準備するべき。	立ち往生になる気配。何を始めても挫折。トラブルが幾重にも重なる。	いい流れが止まる。守りのターン。二兎を追うものは一兎をも得ない。	謙虚にいくと◎。違う業界の人との交流が吉。まじめさが受ける。	7（艮）
今一度正しいか胸に問うて。視野を広げると◎。精神面での成長が。	共同作業に吉。名脇役として力を発揮できる。争いは先手必勝。	騙される。詐欺や不倫の気配。無駄なチャレンジ精神を見せないこと。	万事従っておけばOK。自分で決めないこと。無難にやり過ごして。	8（坤）

CHAPTER 2

運勢コスパ 1 ⇒ 100

目指せ！運気高い系 編

運勢コスパ 1　　　　　運勢コスパ 100

UNSEI COSPA_26

#この世には自分専用の"幸運の万札"がある

#金運コスパ　#お札ナンバーに注目せよ　#諭吉と同棲する女

「何てかわいいワンピース」。沙知は、自然と財布からお札を抜き出していた。ムサシとのデートに向けた、これは立派な投資なんだと言い聞かせながら。

待てえええ。それはダメだ。その諭吉さんだけはダメだ。
そのお方こそ、沙知の金運コスパを上げる立役者だぞ。

え、この諭吉さんが？　他の諭吉さんと何が違うの？

紙幣ナンバーを見てみろ。「日本銀行券」の印字の上に、
6桁の数字（アルファベットを除く）があるだろ？

そういえばそうね、気にしたことなかった。631010。これが何か？

鈍いなー。沙知の生まれは、昭和63年？

10月10日……あっ！　このナンバー、私の誕生日と一緒じゃん！

そう、**生年月日（和暦）**と同じナンバーのお札は"魔法のお札"。
持ってるだけで「種銭（たねせん）」となって、どんどんお金が増えていくんだぜ。

えええぇ⁉　私は金の卵を手放そうとしていたのね……。

CHAPTER2　運勢コスパ1⇨100　運気高い系女子編

114　★ MEMO: 1万円札に限らず、五千円・千円札のナンバーもチェック！

そう。のちに超売れっ子になるバンドマンを捨てるのと同じだぜ。後悔してもしきれないだろ？

そんなドラマみたいな話、なかなかないよ。

そのくらい このお札には価値がある ってこと。
沙知の運勢コスパは間違いなく上がってる証拠だぞ。

店員さん、やっぱりカードでお願いします！

いきなり6桁そろうことはそうそうないけど、例えば生まれ年の2桁だけでも一致してるお札を見つけたら取っておこう。それだけでも種銭効果は十分あるし、持っていれば不思議と生まれ月、生まれ日がそろったお札を引き寄せる。**3枚そろえば、6桁そろったことと同じ。絶大な金運を発動**するんだ！

間違って使わないように気をつけないと。私の彼はこの諭吉だけ♡

ムサシはどうした。

UNSEI COSPA_27

#幸運を栽培している花屋がある

#花買開運法　#余裕のある女の知られざる習慣　#金のなる花

> ポジ子の趣味は花を活けること。何て雅やかな人種なのだろう。
> 沙知だって運も花も咲かせる女になりたい。なりたいんですよ！

じゃあ買いに行けよ。今日は花買日だから、運勢コスパも上がるぞ。

は、花買日？　何それ、花屋がセールでもやってるの？

沙知は「花買開運法」を知らないのか？　ある日時、ある方角の花屋から花を買ってくるだけで、運が華々しく咲くんだぜ！　特に金運UPにてきめんな効果を発揮するぞ！

そうなの!?　やっぱり、花の香りに開運効果があるのかな？

もちろんその側面もあるけど、
運のマイナンバーって教えた「九星」の占いが根拠になっているんだ。

本命星から運命とか相性を占うんだよね。

そうそう。人それぞれに「一白水星」とか「二黒土星」とか
星回りがあって、幸運の巡る時間や方位が決まっているんだ。

CHAPTER2　運勢コスパ1⇒100　運気高い系女子編

ふーん、じゃあ人それぞれ、いい方角は違うってこと？

実は九星の中には"万人共通"の最強の幸運の星が存在するんだ。その星の方角は、星回りに関係なく老若男女動植物すべてにいい"気"を注いでくれる。そんな最高の環境で買い求めた花は、まさしく幸運の花ってわけだ。

すごい。どっちの花屋に行けばいいの⁉

万人共通の星というのは「紫白星（しはくせい）」のこと。つまり、一白水星、六白金星、八白土星、九紫火星の方角。これらが年月日で重なる、よりいい"気"の濃度の高いタイミングこそが「花買日時／方角」なわけだ。まさに九星を応用した高等開運テクを簡単に利用できるんだ。

※「花買日時／方角」はP119でチェック！

—花屋—

何、鼻息荒くしてるんだ。

いい"気"を全部吸い込んでやろうと思って……スーハースーハー。

 あれ、沙知じゃん！　どうしたの、こんなところで！

ゲホッゲホッ……！　ポ、ポジ子！

 キャー、コスまる久しぶり！　そっか、花買日を伝授したのね！
紫白星だから紫か白の、できるだけ香りが強い花が効果的なのよね。
ほら、コスまるのおすすめのユリの花、今でも買ってるんだよー。

花買日？　なあにそれ？　私は〜、ただ〜、花を愛でたいっていうか〜。
ユリじゃなくてバラを買いに来たんだし〜。

―帰宅後―

 結局ユリの花買うのかよ……。そんな卑屈になることはないのに。

こ、コスまるーー！　で、この白ユリは、やっぱり玄関？

 買ってきた花は、家の中心から見て花買方角と正反対の方角に飾るのが正解だ。家の中心点を超えることで、初めて"移動させた"ことになって、いい"気"が家中に巡るようになるからな。

なるほど。これでポジ子よりも運勢コスパが上がって、
昇進して結婚してエトセトラエトセトラ……。

 そういうことは、言わぬが花だな。

★ MEMO: 花買日は YouTube「うらない君とうれない君」でもチェックできる。

花買日時／方角　一覧表

例　2018年12/4の13:30～14:30に家から西北の方角にあるお店で花を買う。家に持ち帰ったら、真逆の方角（東南）に花を飾ると効果を発揮します。

2018年

日付	時間	方角
12/4	🌑 13:30 ～ 14:30	西北
12/9	🌑 11:30 ～ 12:30	西南
12/10	🌑 15:30 ～ 16:30	西南
12/15	🌑 11:30 ～ 12:30	西南
12/18	🌑 11:30 ～ 12:30	西南
12/19	🌑 15:30 ～ 16:30	西南
12/27	🌑 11:30 ～ 12:30	西南
12/28	🌑 15:30 ～ 16:30	西南

2019年

日付	時間	方角
1/2	🌑 11:30 ～ 12:30	西南
1/14	🌑 11:30 ～ 12:30	西南
1/23	🌑 11:30 ～ 12:30	西南
2/1	🌑 11:30 ～ 12:30	西南
2/8	🌑 13:30 ～ 14:30	東
2/9	🌑 11:30 ～ 12:30	東
2/18	🌑 11:30 ～ 12:30	東
2/26	🌑 13:30 ～ 14:30	東
2/27	🌑 11:30 ～ 12:30	東
3/7	🌑 13:30 ～ 14:30	東
3/8	🌑 13:30 ～ 14:30	東
3/14	🌑 11:30 ～ 12:30	東
3/16	🌑 13:30 ～ 14:30	東
3/17	🌑 13:30 ～ 14:30	東
3/23	🌑 11:30 ～ 12:30	東
3/26	🌑 13:30 ～ 14:30	東
4/1	🌑 11:30 ～ 12:30	東
4/3	🌑 13:30 ～ 14:30	東
4/4	🌑 13:30 ～ 14:30	東
4/11	🌑 11:30 ～ 12:30	西
4/20	🌑 11:30 ～ 12:30	西
4/29	🌑 11:30 ～ 12:30	西
5/7	🌑 17:30 ～ 18:30	西
5/12	🌑 13:30 ～ 14:30	西
5/16	🌑 17:30 ～ 18:30	西
5/21	🌑 13:30 ～ 14:30	西
5/25	🌑 17:30 ～ 18:30	西
5/28	🌑 13:30 ～ 14:30	西
6/9	🌑 13:30 ～ 14:30	西北
6/14	🌑 17:30 ～ 18:30	西北
6/15	🌑 13:30 ～ 14:30	西北
6/27	🌑 13:30 ～ 14:30	西北
7/2	🌑 17:30 ～ 18:30	西北
7/3	🌑 13:30 ～ 14:30	西北
7/12	🌑 13:30 ～ 14:30	西
7/21	🌑 13:30 ～ 14:30	西
7/30	🌑 13:30 ～ 14:30	西
8/8	🌑 11:30 ～ 12:30	西北
8/16	🌑 17:30 ～ 18:30	西北
8/17	🌑 11:30 ～ 12:30	西北
8/25	🌑 17:30 ～ 18:30	西北
8/26	🌑 11:30 ～ 12:30	西北
9/3	🌑 17:30 ～ 18:30	西北
9/13	🌑 13:30 ～ 14:30	西
9/22	🌑 13:30 ～ 14:30	西
10/1	🌑 13:30 ～ 14:30	西
10/14	🌑 15:30 ～ 16:30	北
10/23	🌑 15:30 ～ 16:30	北
11/1	🌑 15:30 ～ 16:30	北
11/12	🌑 9:30 ～ 10:30	東
11/21	🌑 9:30 ～ 10:30	東
11/23	🌑 13:30 ～ 14:30	東
11/24	🌑 13:30 ～ 14:30	東
12/3	🌑 13:30 ～ 14:30	東
12/9	🌑 11:30 ～ 12:30	東
12/11	🌑 13:30 ～ 14:30	東
12/12	🌑 13:30 ～ 14:30	東
12/18	🌑 11:30 ～ 12:30	東
12/20	🌑 13:30 ～ 14:30	東
12/21	🌑 13:30 ～ 14:30	東
12/27	🌑 11:30 ～ 12:30	東
12/29	🌑 13:30 ～ 14:30	東
12/30	🌑 13:30 ～ 14:30	東

UNSEI COSPA_28

#リベンジは冬至に
始動すると成功する！

#復活の日　#お蔵入りした企画は冬至に練り直せ　#春とともに輝き始める女

> 12月19日。沙知は1つの企画書を仕上げた。以前、部長に却下された企画。
> でも、今の仕事運なら……！　沙知の野望やいかに。

いよいよ、リベンジの時はきた。明日、部長に特攻する所存である。

待てい。逸(はや)るでない。もう少し待つのじゃ。

何ゆえ!?　企画書も、部長の機嫌も、すべてがそろった。
今動かずしてどうする！

まだじゃ！　運の味方が集結しておらぬ。

いったい、いつそのような援軍が参るのじゃ！

それは……それは……12月22日、冬至の日じゃ！
※冬至は、平均的には毎年12月22日であることが多い。

あ、何だ明後日か。じゃあ待ってみようかな。

冬至はリベンジするのに絶好のタイミングなんだぜ。
易の世界では、"陽の気"が生まれる新年でもあるしな。

え、お正月はまだ先じゃ……。

実はお正月とは別に、運気的に重要な新年が3回あるんだ。これは地球上の陰陽の"気"の流れが関係しているんだ。実は、陰陽の気って日照時間と比例するもの。冬至は、1年でもっとも日の短い日だろ？つまり"陰の気"が最大に極まる日なんだ。

そう聞くと、不吉な印象を受けるけど……。

いや、「陰」が極まると同時に"陽の気"が生まれる日でもあるんだ。P122の図のように、"陰の気"は夏至に発生してどんどん大きくなり、冬至の日に臨界点を迎える。と、同時に、"陽の気"が生まれる。同じように、夏至の日に最大に極まる。夏至は1年でもっとも日が長いからね。このサイクルで、地球は回ってるんだ。

なるほど。つまり冬至から成長していく"陽の気"と一緒に、運も上昇気流になるってことね！

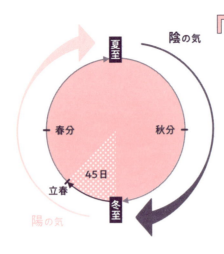

冬至からいい"気"（陽の気）が広がり始める

日照時間に比例して陰陽の気は変化。冬至に"陰の気"が極まると同時に、"陽の気"が発生。そこから、「陰」は弱まり「陽」が強まります。陰陽の切り替わりは冬至ですが、「陽」が強まりパワーを発揮し出すのは立春のころ。そして春分（昼夜の長さが同じ）に陰陽は逆転し、夏至（一番日が長い日）に「陽」が極まると同時に"陰の気"が芽生え、秋分に逆転し冬至で極まる、というサイクルです。

そう。そして冬至の日に"陽の気"に切り替わるんだけど、まだ"陰の気"の名残もある。それが、徐々に"陽の気"が強まって、「企画が注目される」とか「意中の人が自分に興味を持ち始める」とか**"現象化"し始める**。それが 立春ごろ なんだ。

それが、もう1つの新年？

そう。冬至に蒔いた種が芽を出すのが立春。冬至からすぐのころは"陽の気"はまだ、"陰の気"に隠れている。それがやっと見えてくるのが、立春なんだ。**運が根づくには約45日（冬至〜立春までの日数）かかる**と覚えておこう。易の世界では、単純に"陽の気"が生まれる冬至が新年だけど、五行系の占いの世界では、"陽の気"が人間に影響を与え始めるタイミング（立春）を新年だと考えているんだ。

★ MEMO: 何事もきっかけを作れば、45日後に結果が見えてくる。

運が上がる新常識!?
年に3回ある開運ビッグチャンス！

❶ 冬至（天の新年）

1年でもっとも日の短い日。"陰の気"が最大になると同時に、"陽の気"が芽生えます。"陽の気"が広がる流れを利用すると◎。新しい挑戦や再開にうってつけの日。冬至を過ぎてすぐ"陰の気"が強く、ただちに効果が出るわけではありませんが、天の新年（"陽の気"が生まれる日）に種蒔きをすれば、あとの実りが多くなると考えて。

❷ 立春（地の新年）

冬至に芽生えたものの、"陰の気"に隠れていた"陽の気"がようやく姿を現す時。天の新年（陰陽の切り替わり）の影響が地上に波及するまで、約45日（冬至〜立春）のタイムラグがあります。冬至に始めたことに、手応えを感じ始めるでしょう。継続すれば右肩上がりに成果が出るはず。運が根づくまでの時間は45日と覚えておいて。

❸ 春節（人の新年）

旧暦の正月のこと。中国やシンガポールでは大事な祝日として盛大に祝われます。これは陰陽の気とは別に、月の満ち欠けによって決められた新年。冬至と同じく、習い事や新規プロジェクトなど「挑戦」に◎。人の新年とも言われ、動き出せばポテンシャルやアイデアが引き出されるように。月が満ちるが如く、運も満ち始める時です。

なるほど。種を蒔く時と、芽を出す時ってことね。もう1つは？

 春節だな。これがいわゆる旧暦の元日。陰陽とは別に、月の満ち欠けで決まるもの。各年で異なるけど、月のパワーの恩恵を受けられる日さ。この3つの新年のタイミングは、いずれにしても何かを始めるのに最高の"気"が満ちているから覚えておこう！

この企画を明後日に出せば……
来年の立春には、軌道に乗り始めているってことね♪

 それに、運が根づくまでに45日というタイムラグがあることを知っていれば、すぐに結果が出なくても焦らないはずさ！

UNSEI COSPA_29

#夏は左足、冬は右足で一生昇り調子の女

運気の波に乗る　# 出だしが勝負　# 冬至と夏至が運気の切り替わり

そしていよいよ、冬至の日がやって来た。ロッキーが如く生卵を飲み干し、揚揚と家を飛び出したその時。「ピピーッ！」っと、笛の音。

 はい、止まってくださーい。いったん家に引き揚げてください。

いったい何なの？　大事な１日の始まりに。

 あなた、１歩目から間違えてますよ。実は、家を出る１歩目が右足か左足かで、今日１日の運が変わるんですよ？

えええぇ⁉　今更そんなこと言うの⁉　もう何度も一緒に家を出たよね？　いくらでも教えてくれるチャンスあったよね？

 この裏ワザは「冬至が"陽の気"の始まり」だと理解してないとわからないからな。沙知もやっと、そのステージまで上がってきたってことさ。とはいえ、簡単に実践できるけど。

何だ、そういうことか。てっきり、忘れてたのかと思ったよ。

 （危ないところだった……）

CHAPTER2　運勢コスパ1⇩100　運気高い系女子編

ということは、夏至までの"陽の気"の期間と、冬至までの"陰の気"の期間が関係あるの？

そもそも、陰陽五行では、ありとあらゆるものを「陰」と「陽」に分けるんだよな？ ということは、右と左も陰陽に分かれるわけだ。

そんなものまで!?

そう、左は「陽」、右は「陰」のパワーを持っている。つまり左足には"陽のエネルギー"が巡っている。今は、というか今日（冬至）から地上は"陽の気"が満ちていくコンディション。そして、同じ"気"のパワーを持つ足で地面に乗ることで、運を味方にできるんだ。

つまり、家を出る時の1歩目は、冬至→夏至の半年は左足、夏至→冬至の半年は右足から踏み出すと、その日1日をいい流れで過ごすことができるのね！

そう。頭をひねらなくてもいいアイデアが浮かんだり、**力を入れなくても成果が出やすくなる**んだ。今日みたいに大事なプレゼンでも、予想以上のポテンシャルを発揮できるかもしれないよ。

そんなに簡単に運がよくなるなんて、運勢コスパ最強！　でも、今は"陽の気"だからいいけど、夏至→冬至の"陰の気"の期間に、「陰」の右足で乗っかるなんて、大丈夫なの？

一番よくないのは、陰陽をごちゃ混ぜにすることなんだ。**"陰の気"は必ずしも悪い・不運というわけではない**よ。それぞれに役割がある。**「陽」は成長・促進作用、「陰」は抑制や断ち切るパワー**。確かに"陽の気"のほうが、実生活に利するエネルギーがあるし、運勢コスパ的には重要だ。でも、しつこい男と縁を切りたいとか、使い方によっては"陰の気"もプラスの作用に転じるのさ。

逆に、「陰」の時期に"陽の足"で踏み出したりすると、**陰陽互いのいいパワーを打ち消し合ってしまう**のね。

そう。アクセルとブレーキを同時に踏むようなものさ。
沙知もだんだん東洋占術の物わかりがよくなってきたな。

エッヘン。いろいろと応用もできそうだね。"陽の期間"は、ビジネスパートナーと左手で握手したり、左目でウィンクすれば男を落とせたり……。

★ MEMO: 「陰」と「陽」をぶつけて、あえて相殺するという応用もある（P53）。

応用はできるが、沙知のウィンクで男を落とすのは
運のパワーではどうにも……あっ、何でもない。

……は？

でも、そんな些細な違いで運気が大きく変わるのは紛れもない事実
だ。それは、ついこの前まで、幸薄系女子だった沙知には痛いほど
わかるだろう。

そうだね。陰陽五行説は、はるか昔に生まれた論理なのに、今でも
いろんな人が指針にしているのね。まずは、それにあやかって今日
1日をいい日にしたいと思います。おりゃー！

― 通勤電車にて ―

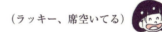（ラッキー、席空いてる）

― 会社にて ―

（いつもより早く資料がまとまった……！）

陽のパワー、恐るべし！

UNSEI COSPA_30

#本気の願いは "8月の短冊" に託せ

#開運誤解あるある　#私の彦星どこ　#節句はすべてズレている

> 押入れを整理している時に、ヒラヒラと短冊が降ってきました。
> あっ、これは……元彼との約束。結婚の夢。うあああぁ！

定期的に精神崩壊するの、やめてもらっていいかな？

だって、うえぇぇぇん。こんなの出てきたんだよ。

お、短冊か！　どれどれ、「ずっと一緒にいようね7月7日」。
あちゃー、こんな願い叶いませんわ。

じゃあどうすればよかったの？　もっと具体的なほうがよかった？
20××年11月22日までに結婚しようね？　みたいな？　ねえ？

怖いよ。だいたい、それもうプロポーズだろ。
そういうことじゃなくて、この願い、織姫と彦星に届いてないよってこと。

いやいや、七夕だよ？　私、織姫と彦星提訴しちゃうよ？

その請求は棄却されるだろうな。
だって、七夕って7月7日じゃないんだから。

ええええ!? 幼稚園のころから七夕は7月7日って教わってるよ。

正確には、8月であることが多いな。しかも、毎年同じってわけじゃないんだ。"旧暦の7月7日"が本当の七夕なんだよ。

出た！ 旧暦！ 運を大事にしたいなら、旧暦を大事にしないといけないのよね。

そう。七夕だけじゃない、様々な行事は旧暦に基づいて行うからこそ意味があるんであって、今の暦でやっても何の意味もない！ お寺でミサを捧げたり、教会でお経を唱えるのと同じだ！

ええええ!? ……そんな見当違いなことをしていたなんて。

特に3月3日、5月5日……。七夕も含む、奇数の月日が並ぶ節句。これ、全部ズレてるからね。例えば、子供の健康・成長を願うこどもの日は「端午の節句」。これは旧暦の5月が午(うま)の月だから、"端午"なんだ。だけど、今の暦だと5月は巳(み)の月になる。これじゃあ"端巳"の節句になっちゃうよ！

※節句の正しいカレンダーはP131をチェック！

確かに。これじゃいくら鯉のぼりが頑張っても、子供の健康運は上がらないね。

その"気"が流れていないからね。七夕も同じこと。だいたい今の暦の七夕、梅雨真っただ中でいつも雨降ってるじゃん！ 本来（旧暦）の七夕ってのは、スッキリ晴れてることが多い季節。だから、しっかり、天の川に願いを届けられたはずなんだ。

CHAPTER2 ─ 運勢コスパ1⇩100 運気高い系女子編

7月7日の短冊は、フライングだったのね……。あ、そういえばこの短冊を飾った時も雨が降ってきて、浴衣が濡れて私が不機嫌になってケンカしちゃったんだ。

それは、運じゃなくて沙知が悪いね。しかも何の意味もない日に。正しい開運知識を持っていたら、今ごろ願いが叶って、こいつと幸せになっていたのかもしれないなぁ……あっ。

そ、そうだよね……私が悪いんだよね……。

（また失言してしまった）

★ MEMO: 旧暦は月の形で決まる。七夕の日は必ず上弦の月（半月）。

旧暦節句カレンダー

節句 ＼ 西暦	2019年	2020年	2021年	2022年	2023年
人日（七草）の節句	2/11	1/31	2/18	2/7	1/28
上巳（桃）の節句	4/7	3/26	4/14	4/3	4/22
端午（菖蒲）の節句	6/7	6/25	6/14	6/3	6/22
七夕（笹）の節句	8/7	8/25	8/14	8/4	8/22
重陽（菊）の節句	10/7	10/25	10/14	10/4	10/23

人日の節句

新暦では、お正月の不摂生を正し1月7日に七草で胃を休める日とされています。しかし本来の七草は、その年の健康を願って食べるという風習なのです。

端午の節句

鯉のぼりを掲げて男の子の無病息災を願うこどもの日。でも新暦の5月5日は旧暦の巳の月。これでは端巳の節句。新暦の祝日とは別に、旧暦でも祝うと◎。

重陽の節句

9月9日のこと。収穫した秋の味覚を楽しみ運を上げる日。最大の「陽」(奇数) の数字 (9) が重なるのがポイントですが、新暦の9月は旧暦で8月なので注意。

上巳の節句

いわゆる桃の節句。桃の花が咲くのは4月ごろで、新暦3月3日のひな祭りは時期尚早。旧暦に沿って桃の花が咲くころに、女の子の無病息災を願って行うと◎。

七夕の節句

新暦7月7日は梅雨真っただ中で、織姫と彦星はまだいません。本来は8月の晴れた夏空に願いを届けるもの。世間とは違う時期に短冊を飾るのも粋ですよ。

私の運が悪いのは、
「善悪点数表」
に基づいて
減点されているから……。
すべて私が悪いんです。

運のいい人は、善い行いをして高得点を得ている。
運の悪い人は、悪い行いばかりで減点されている。

クリぼっちが確定している運の悪い私は、きっと赤点なんだ。
よっぽど日ごろの行いが悪いんだ。お年寄りに席を譲ったけど、
偽善と思われてるんだ。

だいたい何が恋人たちのクリスマスだ。
愛だの恋だのは美人と金持ちの贅沢品なんだよ、きっと。

いや、ごめん言いすぎたけど、そこまでやさぐれなくても……。確かに中国や台湾では、実際に善悪点数表をマニュアル化したものがある。例えば「ゴミを拾ったら＋1点」とか「人を殺したら－100点」みたいな。大丈夫。沙知は確実に運がよくなってきてるよ。人に喜ばれること、感謝されることで運勢コスパは上がる。沙知はそれを実践できている。偽善でも加点対象さ。運命は決まっているんじゃない、行いによって変えられるものなんだよ。

UNSEI COSPA_31

＃転居後45日は外泊禁止令を厳守せよ！

＃幸運定着　＃運気高い系の掟（おきて）　＃引っ越し風水の奥の手

> 聖なる夜にバーで1人、ウォッカに溺れる。今日はもう、帰らない。
> 行きずりのサンタと、朝までパーリーナイトするのさ。

いや、朝なのかパーリーナイトなのかはっきりしろよ。

朝までよ！　朝までパーリーサンタ！

ダメだぞ。今は外泊禁止だ。

アンタはサンタじゃない、サタンよ！

いや、もう字面がややこしいわ。もうその辺にしとけよ、酔っ払い。

過保護のパパみたいなこと言わないで！　私はもう30なのよ！
少しくらい遊んだっていいじゃない！

うるせえええ。そんなこと心配してねーよ。俺が心配してるのは運勢コスパだけだ。いいか！　沙知はまだ今の家に引っ越して、1ヵ月くらいしか経っていないんだぞ。

それが何なのよ！

CHAPTER2　運勢コスパ1⇩100　運気高い系女子編

引っ越してから45日のうちに外泊すると、
引っ越しで得た、いい運気はすべて水の泡になるんだぞ！

え、まじっすか。引っ越したらそれで終わりじゃないの？

例えば、沙知が1つの植物だとすると、根っこごと別の鉢に植え替えるのが引っ越しだ。沙知の運勢はこの根っこの部分。それが新しい土に根づくまでに、45日かかるんだ。自分の運勢が、新しい家に根づいた時、開運引っ越しは完成するんだ。

うーむ、45日という数字、どこかで聞いたような……？

そう、冬至に生まれた"陽の気"が、45日かけて幸運という実益になり、立春のころに表れるのと同じ原理さ。いい運気が生まれてから、しっかり根を張る（開運）まで45日必要ってこと。

あ！　それじゃあ、外泊しちゃうとどうなるの？

リセット。外泊した日から、運がまた根づくまで45日かかってしまう。自分の中の運勢と、外の運勢（家）が融合するまでには"連続した"時間が必要なのさ。

私の中の運勢が、今の家のいい運勢と結びつけば、自ずと私の運勢もよくなるってことよね？　現に運勢コスパが上がってきてる気がするし。

そう。少しずつ融合しているからな。でもそれも全部パーになる。外泊した日が"引っ越した日"として上書き保存されるからな。つまり、今日朝までパーリーサンタした場合、沙知の部屋は、せっかくこの俺様が直々にいい方角、いい日取りで選んだ「開運物件」ではなくなるんだ。せっかく運がよくなってるのに、台無しだ！

じゃあ、帰らなきゃ……でもトナカイもソリもないしな……。

そうか。それでもお前はまだ飲み続けるというのか！

まだまだ飲みたい。でも家の運気も大事にしたい。
どうにかいい方法はないの？　コスまる！

……はぁ。まあ風水的な「朝帰り」の定義は丑三つ時を超えてから、つまり夜中の3時。それまでに帰ればセーフだけど。

マスター！　彼にもウォッカを一杯。

いや、俺は飲まないよ……飲まないよ？

それにしても、引っ越し風水にそんな知られざる事実があったとはね。きっと誰も知らないよ。風水師の人に物件を選んでもらったのに運がよくならなかった人は、このルールを知らなかったんだね。

でもこの原理、逆手に取れば引っ越し風水の裏ワザにもなるんだぜ。

どういうこと？

引っ越しって、現実問題、転勤、不動産屋の事情とか予算の問題で、自分で日取りや方角を選べないことがほとんどだろ？

確かに。そりゃ、できれば開運物件を選びたいけど。

★ MEMO：極端に引っ越し回数が多い人は"根っこ"が傷つき運が下がる。

だから、引っ越し後に、運気のいいタイミングで外泊をすればいいんだ。その後 45 日はおとなしく家に帰る。

なるほど。そうすると、その日が事実上の"引っ越し日"になって、住むだけで運のよくなる開運ハウスになるってわけね。あ、コスまる！ ウォッカだよ。

いや、飲まないよ？　俺開運電子モンスターだよ？　飲まないって！

―1時間後―

ウィック……ヒック……どんどん酒もってこおおい！

やばい、このままじゃ3時に帰れない。

UNSEI COSPA_32

＃初詣帰りに騒ぐと ご利益がパー

＃神社参拝は14:00までに　＃早起きは三文の徳　＃カラオケ邪気祓い法

運勢コスパ改革。激動の１年を終えた沙知。大晦日（おおみそか）も１人だけど、コスまるもじんざぶろうもいるよ。明日は初詣に、行けたら行くよ。

あけまして！

にゃーーー！（おめでとうございます）

 締まんねえ正月だな。今年こそ、運気高い系に生まれ変わる年。早速、初詣に行こうじゃないか。

そうね、でも寒いし。もうちょっと家でゆっくりしてよう。

 バカやろーー！　新年早々、運勢コスパを下げるつもりか。

何でよ。ちゃんと教えてもらった産土（うぶすな）神様に参拝するつもりよ。

 そうじゃない。時間にも、「陰」の時間と「陽」の時間があるって教えただろう。

ああ。朝早いほど"陽の気"が満ちていて、15:00から「陰」の時間に切り替わるんだったね。やっぱり初詣も"陽の気"が満ちる15:00までに行ったほうがいいの？

もちろん。でも実際、14:00ごろから"陰の気"は少しずつ出てくるから、**14:00までに参拝を済ませるのがベスト**だね。1年の始まりだし、**いい"気"を味方につけて、スタートダッシュ**をかけたいだろ？

もちろん！　年明け早々、冬至に始まったプロジェクトが動き出すから仕事運も上げたいし、本気で結婚を考えたいから恋愛運も上げたい。ああ神様、すべての運を私に与えたまえ！

……ここで言っても意味ねえよ。
まあ、でも昔は、神様は新年になると各家庭に来てたみたいだけどな。

そうなの？　どうして来なくなったのかな。
一軒一軒回ってたらコスパ悪いから？

お前は神様を何だと思ってんだ……。正確には、来てたというより、お呼びしてたんだ。今でも伝統的な風習を大事にする粋な家では、門松を置くだろ？

私のおばあちゃん家にも置いていたよ！

あれは、神様が降りてくる場所なんだ。実は神様って、雷みたいなもので、尖ったものの先端に降りてくるんだ。

へー、**門松は神様専用の玄関**みたいなものなんだね。

そうそう。実は、盛り塩とかも円錐型に盛るほうが効果的と言われるんだ。神様だったり"気"だったり、目には見えないエネルギーを集めやすいからな。

でもここには門松なんかないよ。そもそも
賃貸マンションだし置けないや。さっさと初詣にレッツゴー！

―参拝後の帰り道―

いやあ、仕事の成功、恋愛成就、あれもこれもお願いしちゃった。

　……。

どうしたの？　口を真一文字に閉じて。

　神社参拝の帰りにおしゃべりすると、ご利益がパーになるぞ。
とりあえず黙って家まで歩け（小声）。

★ MEMO　神社では個人的な願い＋現状への感謝を伝えると運が上がりやすい。

……（コクリ）。

―帰宅後―

プハー！　あぁ死ぬかと思った！

誰が息止めろって言ったよ！　口を開くなって言っただけだよ。

でも、私はボッチだから関係ないけど、普通初詣って家族や友達と帰り道に、今年の抱負とか話しながら帰るものじゃないの？

そいつらぜーんぶいい"気"をこぼしてるぜ。
というか、さりげなく悲しい自虐を入れないでくれ。

しゃべることでいい"気"は漏れちゃうの？

正確に言えば声を出すと"気"そのものが抜けやすいんだ。逆に言えば悪い"気"も抜けていく。「大事な取引先の担当が、元彼を奪った女だった！」みたいにツイていないことがあったら、身体に邪気がたまっている証。すぐに1人カラオケに行って大声を出し続けるんだ。とても効果的な邪気祓い法だよ。

ヘー！　じゃあ、私は毎日1人カラオケに行ったほうが。

今はせっかくいい"気"を持って帰ってきたんだから、
自虐のヒットパレードはやめてくれ！

UNSEI COSPA_33

#恵方巻きは節分に食べても意味がない!?

#新常識　#開運誤解あるある　#誤りから生まれた凶方巻きという産物

> 今宵は節分。世の中が恵方巻きにぐるぐる巻かれているみたいな1日だ。
> 沙知は、家で寂しく豆をまくのだった。

鬼は―外！　福は―内！　私の居場所は……どこ？

にゃー……。

じんざぶろおおおお！

うるせえええぇ！　さっさと晩飯を出せーーー！

そこに買ってきてあるよ。

お！　何だ何だ。

はぁー？　コスまる、あなたそれでも開運電子モンスター？
今日は節分よ。恵方巻きに決まってるじゃない。

うわー……最悪だよ。幸薄ポイントじゃんじゃんたまるよ。

え、節分は幸せを願ってその年の吉方位を向いて
恵方巻きを食べるって、それが伝統じゃない。

それはな……**誤った情報が生み出した悲しき"凶方巻き"**だよ。

きょ、凶方巻き!?

ああ。食えば食うほど運が悪くなる凶方巻き。
そもそも"恵方"って何のことだかわかってるのか？

何か、あれでしょ。いい方位でしょ？　恵みのある感じの……。

これはな、「歳徳神（としとくじん）」という神様が巡ってくる方角なんだ。

歳徳神？

そう。国家公務員として平安時代に占いをやっていた「陰陽師」と呼ばれる人たちの中で、幸運をもたらす神様と位置づけられていた存在なんだ。

陰陽師って、羽生くんの？

そうそう。映画とかで脚色されてるけど、彼らは本当は国の機関に所属する、いわば公務員だったんだ。で、そんな彼らの歳徳神は無類の引っ越し好きで「今年はこっち側に住むわ。こっち見てくれたら幸運おすそ分けしてやるよー」って感じで、毎年移動するんだ。つまり歳徳神がいる方位＝恵方ってこと。

そうだったんだ。でも、毎年居場所を変えるタイミングがどうして節分の日なの？

実はそこが大きな間違いなんだよ。歳徳神が移動するのは、年が切り替わる時、つまり新年。陰陽五行を礎とする陰陽道の新年は立春だよね？　つまり現代のカレンダーに即して言えば、歳徳神が移動するのは立春（2019年の場合、2月5日）だ。

※恒気暦（占いが生まれた時代に使われていた暦）による日づけ。

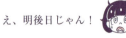え、明後日じゃん！

★ MEMO 節分は2月だけではなく、年に4回ある季節の節目のこと。

そう。節分というのは、陰陽五行の世界では大晦日だからね。節分に恵方巻きを食べるっていうのは、大晦日に初詣に行ったりおせちを食べたりするみたいに、おかしな話なんだ。

フライングじゃん。

そうそう、節分に恵方巻きを食べるやつは1人残らずフライングだ。歳徳神は東にいるのに北を向いて食べたりしてるってこと。それが凶方位なんて場合もあるからな。恵方巻きを食べるのは立春だって、もっと世間も知るべきだね。

確かに。じゃあ、これは立春に食べよう。でも今から
ご飯買いに行くのも作るのも面倒だな……。お腹すいたなあ……。

方位を向かずに、普通に食べればいいじゃん。
そうすれば、恵方でも凶方でもないただの巻き寿司だよ。

あはは、なるほど。でもそう考えると、
あれだけ大々的に売り出してる恵方巻きも、ただの巻き寿司だね。

そうだな。近年、暦に関する誤った開運法が多いから注意しないと。

……あー、おいしかった♪

え……、俺の分は？

UNSEI COSPA_34

#脱日常した次の日は 120%の力が出る

＃戦略的引きこもり　＃旅行開運ホントの話　＃運気高い系特有のメリハリ

> いよいよ週明けは、リベンジ企画を取引先にプレゼン。不安だ。
> どうしたらいいんだ。そうだ、開運旅行へ行こう。

……というわけで本日はこちら、今年の私の吉方位である山梨県にやってきました。見てください、そこら中にあふれる気、気、気！ まるで幸運の空気で呼吸をしているようです。それではいったん、スタジオのコスまるくんにお返ししまーす！

 はーい、こちらコスまるです。沙知アナ、せっかくの吉方位旅行ですが、ここで速報です。その吉方位旅行、開運的には、何の意味もありません。くり返します、何の意味もありません。

ちょっと！　放送事故起こさないでよ！　意味ないことはないでしょう。私はしっかり情報番組で、吉方位旅行に行くと運が上がるって聞いたから、願掛けのつもりで来たのよ。

 それはフェイクニュースだよ。

そんな……吉方位は西北だって言うから
山梨までぶどう狩りに来たっていうのに。もぐもぐ。

しかも、ぶどうはシーズン外って到着して気づいて、
引くに引けず探し回る始末。

やっとこの時期にぶどうを売ってる珍しいお店にたどり着いたんだから
いいでしょ。それくらい運勢コスパを上げたかったの。もぐもぐ。

素晴らしい心意気だ。よし、じゃ山梨はやめて
茨城の海くらい遠くまで行って、釣りをしよう！

ええええ⁉ 真逆じゃん！ というか、遠いわ！

だからいいんだよ。実は、旅行で効率的に運を上げる裏ワザは、普段と違うことをすること。つまり、脱日常なんだ。例えば、沙知みたいな、毎日電車で1～2時間かけて移動してる人が、家から1～2時間で行けるようなところに行ってもあまり効果はない。もっとテリトリーから外れた遠いところに行かないと。逆に、家の中での作業が多い主婦のように「普段の移動が少ない人」は、1～2時間の距離でも効果的だ。

それで、茨城ってこと？

うん。距離だけの話じゃないよ？
例えば、沙知はいつも会社から西へ移動することが多いだろ？

147

CHAPTER2 運勢コスパ1↓100 運気高い系女子編

確かに、ランチもそうだし取引先も西だね。

普段西へ移動することが多いってことは、つまり?

あ、東へ行くことが脱日常になるのね。

その通り! 沙知にとって、遠い東の地へ出かけることが、最大の開運旅行なんだ。開運アクションは「メリハリ」が大事なんだ。

★ MEMO: 栄えつつある街へ行くと、土地の運を大いに受け取れる。

それ、早く言ってよ。まぁ、ぶどう食べられたからセーフ。

……もぐもぐ。

それにしても、普段から全国を飛び回るような人は、開運旅行も大変ね。

そういう人は、海外に行くしかないだろうな。でも、それだけ動く人は稼ぐ人だから、ハワイに行ったり脱日常の機会が多く、運を知らず知らず上げてるのさ。

普段とは違うリズムが、吉方位パワーを効果的にするのね。とりあえず、この貴重なぶどうをつまみに、茨城までレッツゴー！　もぐもぐ。

ぶどうってつまみになるのか……？　もぐもぐ。

ワインにでもする？　もぐもぐ。

どんだけ飲みたいんだよ。もぐもぐ。

もぐも……貴重なぶどうが、なくなっちゃった。

UNSEI COSPA_35

#チャンスに強い女は指先に秘密がある

\#ネイルで開運　\#右薬指はミスを防ぐ　\#大一番で力を発揮できる女

> ついにプレゼン当日の朝。爪を切る手が震えているのがわかる。
> 緊張は避けられないものなのか。何か、最後にできることは……痛っ！

あ、親指、切っちゃった……。

親指って、左の親指か！
何てこった、すぐに応急手当をしないと運勢コスパが下がるぞ！

ええええ!?　指と運勢って関係あるの？

実は、指にはそれぞれ陰陽五行、「陰」（右手）と「陽」（左手）と「木・火・土・金・水」（各指）のパワーが宿っているんだ。四柱推命などで使われる「十干」に対応しているからね。

あの、暦にある壬（みずのえ）とか庚（かのえ）とかってこと？

そうそう。で、今ケガした左の親指は「戊（つちのえ）」に当たる指。
ここは、スピーチ・弁舌力を円滑にしてくれる性質があるんだ。

え、やばいじゃん。プレゼンなのにしゃべりが下手になる!?

CHAPTER 2 ─ 運勢コスパ 1↓100 運気高い系女子編

150　★ MEMO: 上げたい運と符合する指を、ネイルで強調すると効果絶大。

でも大丈夫さ。絆創膏で処置したから。
そのままの状態だったら、悪影響を及ぼしていたかもね。

オウ……コスまるイズゴッド。サンキュー。
ところで、他の指にはどんな意味があるの？

※各指に対応する十干とその意味はP152〜153をチェック！

ふむふむ。これらの指のパワーを高めたい時にはどうすれば？

超簡単だよ。**目立たせればその効果が高まる**。例えば、**左手の小指は「勝負運」**を意味するんだ。ここに**リング**をしておけば、今日は**勝ち戦**ってわけさ。

それだけで⁉ 絶対つける！ ちょっとショップ寄って会社行く！

持ってないんかーい！

指先から運勢コスパがよくなる！
#各指に宿る十干(じっかん)のパワー

❶ 左・小指（壬(みずのえ)）

勝負運 UP！

あなたの中に眠る闘争本能を呼び覚ます指。強調するとアグレッシブになり、勝負勘が冴えわたります。緊張や不安をはねのけるパワーが。傷があると、大事な会議や憧れの人と会う時に、大きな失敗をしてしまうかも。

❷ 左・薬指（庚(かのえ)）

運命を変える！

人生の流れを大きく転換させる指。結婚指輪をつけるのも、1人の生活から2人の生活へと変化しても、幸運を逃がさないため。結婚していなくても、強調すれば何か重大な決意をした時など、人生のリスタートをサポートしてくれます。

❸ 左・中指（丙(ひのえ)）

活力 UP！

多少のことでは動じないバイタリティが生まれる指。強調すれば、どんな手段を使っても、決めたことを押し通すすごみが生まれます。傷があると、最後の一押しをする勇気が持てず、希望や提案を認めてもらえない予感。

❹ 左・人差し指（甲(きのえ)）

統率力 UP！

人を動かしたければ、甲の指を動かせと言われるほど、統率力に影響のある指。リーダーシップを発揮したい時に強調すれば、自然と周囲があなたの声に耳を傾けます。傷があると、部下や取引先との連携が滞ってしまう暗示。

❺ 左・親指（戊(つちのえ)）

弁舌力 UP！

口がうまくなるパワーを司る指。強調すれば、プレゼンや接客・営業でのトーク力がグンと上がります。合コンでは、巧みな会話で異性の評価 UP。傷があると頭が真っ白になったり、的外れなことを言って場の空気を悪くするかも。

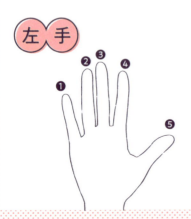

❻ 右・親指（つちのと 己）

貯金運UP！

　主に財運とリンクする指。特に「コツコツ積み重ねる」パワーがあり、強調すれば自然と無駄遣いが減りお金を増やすことができます。お金に限らず、仕事や習い事など目の前のことを努力できるように。傷があると予定外の臨時出費が。

❼ 右・人差し指（きのと 乙）

対人運UP！

　親しみや愛情を表す指。強調すれば、家族や職場の人間関係が円満になるでしょう。苦手な人や気になる異性とも急接近できるパワーが。傷があると、ぎくしゃくしたりケンカの絶えない日々が続くので、すぐに処置を！

❽ 右・中指（ひのと 丁）

インテリ運UP！

　知恵とリンクする指です。強調すれば、論理的に物事を進めたり、発想の転換でピンチを乗り越えるなど、"頭脳明晰"な人に生まれ変われます。傷があると判断力が鈍り、普段ではありえないようなミスをしてしまう暗示。

❾ 右・薬指（かのと 辛）

忍耐力UP！

　まじめさやひたむきさと直結する指。強調すると、真剣に仕事と向き合ったり、人間関係に誠実になります。どんな逆境でもあきらめない姿勢を持てるはず。傷があると、適当にその場をやり過ごす「逃げ」の日々を送ることに。

❿ 右・小指（みずのと 癸）

リセットする！

　「すべてを終わらせる」という少し変わった力を持つ指。しつこい異性と縁を切りたい時などに強調して。クリエイティブ系など何かを「生み出す」仕事をしている人は、強調するといいアイデアが生まれます。ケガをするとスランプに。

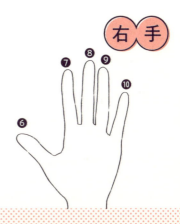

UNSEI COSPA_36

＃心をスキャンする ゾーン手相

＃新感覚３Ｄ手相　＃寿命は生命線じゃ測れない　＃狙った男の手を取るチャンス

> プレゼンに向かう電車の中、沙知はコスまるに聞いてみた。
> 初対面の人と仲よくなるには、どうしたらいいの⁉

手相でも見てあげると話が盛り上がるぜ。

手相なら昔ちょっと覚えたからいけるかも！

いや、ここは簡単だけどワンランク上の手相テクニックを教えてやるよ。知ってるか？　手相は"線"で見るんじゃない、"面"で見るんだ！　知る人ぞ知るゾーン手相ってやつさ。

……面⁉

そう、例えば生命線と頭脳線の間の面積、「頭脳ゾーン」の広さで、リアリスト診断ができるんだ。
※「ゾーン手相」の見方はP156〜157でチェック！

結構手相の本は読んだけど、そんな見方があるなんて知らなかった！

だろ？　頭脳線は長いほど熟考型、短いほど直感的って言われるように、「思考タイプ」を表している。生命線は寿命がわかるなんて誤解されがちだけど、実は生命＝ライフ。「生活力」を見る線なんだ。この２つを掛け合わせて見えてくるのが「現実感覚」。

★MEMO: 爪に白点を見つけたら、幸運の前ぶれ。

へー！　立体的に手相を見るイメージね。

 頭脳線と生命線の間の面積が狭い人は現実感覚が低め。夢やロマンを第一に考える人。逆に頭脳線と生命線の間の面積が広い人は、リアリスト。堅実で貯金も多いだろうね。もちろん、どっちがいいかの評価は人それぞれだけどね。

なるほど。じゃあ、例えば先方の部長さんの頭脳線と生命線の間の面積が広かったら、「この企画は成功したらとんでもない利益を生み出します」みたいな実利をアピールする攻め方で、狭かったら、「この企画は世の中にこんなに恩恵を与えます」っていうロマンを語るといいのね。……これ、興信所より男のこと詳しく調べられそうね！

 （興信所、使ったことあるんだ……）

155

新解釈！
#ゾーン手相でわかる深層心理

知っておきたい基本線

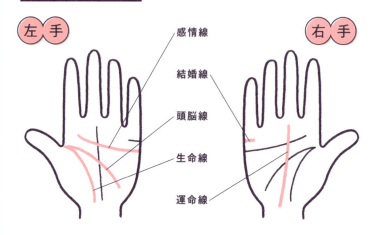

左手 / 右手
- 感情線
- 結婚線
- 頭脳線
- 生命線
- 運命線

「結婚線で婚期がわかる」はウソ!?　手相の新常識

結婚線は、世間で誤解されがちです。例えば、結婚線の数＝結婚の回数ではなく、あなたの好みのタイプを表します。結婚線が1本の人は、タイプが絞られている人。逆に複数ある人は、その数だけ好み＝ストライクゾーンが広く、結婚の可能性も高いのです。結婚線で婚期がわかるというのも、実はウソ。本当にわかるのは、「期待以上の結婚ができるか」です。

●結婚線が上向き

想像を超える素敵な結婚が待っています。予想外の出会いや暮らしに巡り会うことも。焦らなくても、幸せのほうから迎えがくるタイプです。

●結婚線が水平

思い描いたレベルの結婚をたぐり寄せます。つまり、高嶺の花との結婚生活を想像すれば、実現できるということ。よりよいイメージを心がけて。

●結婚線が下向き

結婚で理想と現実の違いを思い知るタイプ。人よりも結婚生活のハードルを上げがち。映画のような人生は、スクリーンの中だけだと心得ましょう。

CHAPTER2　運勢コスパ1⇓100　運気高い系女子編

感情ゾーンでわかる恋愛傾向

感情ゾーンは、指のつけ根と感情線の間の面。狭いほど深い考えなしに行動するタイプ。逆に広いほど思索する人です。時に考えすぎの面も。チェックした異性の感情ゾーンが狭かったら、ノリのいい人のはず。逆に広すぎる人には、信用してもらえるまでに時間がかかりそう。

頭脳ゾーンでリアリスト診断

理性的判断ができるかを見る頭脳線と、生活力を表す生命線の間のスペース。この面積が狭いほど現実感覚のない夢追い人タイプ、広いほどシビアなリアリストになる傾向があります。前者はインディーズミュージシャン、後者は堅実な公務員といったイメージです。

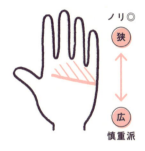

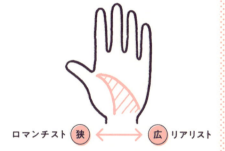

生命ゾーンでわかるチャレンジ精神

生命線は、寿命を見るものだと思われがち。しかし実は、人生の長さではなく、生きるために必要な活力といったニュアンス。生命ゾーンは、そんな生命線から親指のつけ根までのスペース。狭いほど活力がない、つまり消極的。広いほど積極的に「やってみよう！」と言う人です。

運命ゾーンに見えるライフスタイル

中指のつけ根を目指す縦線が運命線。運命ゾーンは、手のひら全体の中で運命線がどこを通っているかを見ます。上半分にしかない人は仕事に生き、下半分にしかない人は家庭に生きます。また運命線が1本まっすぐな人は人生の起伏が少なく、複数ある人は波乱万丈な傾向が。

> ★頑固一徹マスカケ線
> 世にも珍しい感情線と頭脳線が合体した線。外野の声に一切惑わされないメンタル強者の証。

UNSEI COSPA_37

#神棚のお酒は幸運が そのまま液体になっている

#バチどころか宝くじが当たる　#「福」が「富」になる　#東洋占術連想ゲーム

プレゼンは見事成功に終わり、社内評価大暴騰！
ポジ子の家で、お祝いパーティーが開催されることに！

 沙知、本当におめでとう！　私も、うかうかしていられないわ。

ありがとう！　でも不思議。前、部長にコテンパンにされた企画と
そう大差ないのに。今度は、こんなに受け入れられるなんて！

 それが、運勢コスパがいいってことさ。同じ努力でも、
運が違うだけで結果はこうも変わる。つまり俺が偉いんだ。

 こらこら、沙知の努力が前提なんだから。
早速、お酒を……よっこいしょ。

ちょっとちょっとー！　何で神棚のお酒を取ろうとしてるの！
バチ当たっちゃうよ。普通にさっき買ってきたもので……。

 え、沙知、神棚のお酒飲まないの？

当たり前じゃん！　実家にも神棚あったけど、
一度も飲んだことなんてないよ。

……やれやれ。神棚のお酒はな、飲んでバチが当たるどころか、いい男を引き当てると言っても過言ではない、幸運の飲み物なんだぜ。

えええぇ!?　全然知らなかった。

「お酒」は神界のものって教えた通り、お酒と神様はとても密な関係なんだ。「福」という漢字があるだろう？　実はこの漢字の右側の部分の旁と言われるところ、"畐（ふく）"はお酒の壺、とっくりみたいなお酒の容器のことを表す漢字なんだ。そして左側の偏、"ネ（しめす）"は神様を表す字なんだ。

へー！　つまりお酒は神の一部だと思っていいのかもね。
でもなおさら、いただいちゃっていいのかな？

神様からの"おさがり"だと思えばいいんだよ。そしてそのおさがりを人間がいただく、つまり神に捧げた酒（＝福）を人間界＝家に入れると「富」になるんだ！

あ！　本当だ。"畐（ふく）"が
"宀（うかんむり）"に入って「富」になるのね。

ああ、まるで幸運をそのまま体内に取り入れているようなものだろ。福が富を招くのさ。

富ってことは、金運コスパがよくなるの？
いい男を引き当てるって言ってたけど……。

もちろん、金運もよくなる。当たるのは宝くじかもしれない。でも特に恋愛運に効果的なんだ。これは「酒」という漢字にヒントが隠されている。沙知は「酒」の部首が何偏か知っているか？

当たり前じゃん。こんなの小学生でもわかるよ。さんずいでしょ。

はい、残念。正解は"酉（とり）"偏です。
えーっと、小学生でも……何だっけ？

東大生で正答率3％って言ったの。

いや、平気でウソをつくな。
まあ、それでこの"酉"って、何か見覚えない？

十二支ね。

その通り、十二支の酉年のこと。ここからは東洋占術の連想ゲームだ。まず、酉年って、360°の中で、真西の方角を表すんだ。で、西って易の卦では"兌"になる。これは、恋愛に関することを表す卦。

なるほど、つまりお酒と恋愛運はリンクしているのね。

そうそう。江戸時代には、目尻にお酒を塗ると恋愛運が上がるって言われて流行ってたくらいさ。それくらい昔から信じられてたんだ。

★MEMO：どんな宗教にもお酒の逸話が多いのは、神様と深い関係があるから。

お神酒なら恋愛運も金運も上がって、
普通のお酒を飲むより断然、運勢コスパがいいってことね。

 そういうこと！　というわけで早速……。

でもごめん！　やっぱり私、とりあえずビールが飲みたい！

 もう、コスまるも何とか言ってよ。

 グビグビ……え？

UNSEI COSPA_38

＃運が潤う
"ミラクルウォーター"の作り方

＃西の水が恋愛運を上げる　＃方位別に上がる運　＃手作り開運水

お祝いパーティーからベロベロで帰ってきた沙知。
ああ、とにかく水を。冷蔵庫を開けたが、しかし……。

な、ない。水がない。はっ！　そういえば床下収納庫に、非常用の
ミネラルウォーターがあった気が……。でも、もったいないかな。

 この家の床下収納庫は……あっちか。ふむふむ。なるほど、
ぜひそれは飲みたまえ。酔いが醒めるだけじゃなく、運もよくなるぜ。

えええ⁉　何で⁉

 これはな、お水取りっていう伝統的方位開運術の応用編だ。

……何だか上級占いテクの匂い。で、その心は？

 この部屋の床下収納は、家の中心から見て西側にある。西は、さっ
き話したように易で"兌"の卦。西は恋愛にいいと言ったけど、もっ
と広い意味で言えば「喜び」を表すんだ。西には"融ける"、つまり
固い頭を柔らかくする作用があってな。発想力が豊かになって会話
がウィットに富んだり、愉快な人になれるんだ。だから自ずとモテる。

なるほど。でも、だからって西に水があるだけで
開運ってちょっと安易な気も……。

そんな単純な解釈じゃないよ。俺がこの水に開運効果を見出したのには、しっかりとした根拠がある。まず、今言ったように、**易で方位を考える時、東西南北にそれぞれ意味がある**んだけど……。

※各方位の開運効果についてはP165をチェック！

で、元来この開運法は「お水取り」とも呼ばれて、その方位にある湧水地で水を汲んできて飲んだり、門の前にまいたりして運を上げていたんだ。

何となく、**開運旅行の理屈**に似ている気が。

だけど、今は湧水地で水を汲むことなんかないし、できたとしても頻繁に川の源流みたいな遠いところまで行けないし、水質の問題もあるから現実的じゃない。家の水道もどこからきているかなんてわからない。だから、**市販のミネラルウォーター**を使うんだ。

うーん、市販の水の製造地を見ればいいってこと？

いや、それを使って、自分で開運水を作るんだ。

えええぇ!?　どういうこと？

思い出してくれ。**運が根づくのは45日**だったよな。

うん。冬至に蒔いた種（運）が立春に芽生える45日だよね。

そうそう。つまり、この**水も45日間その方位に保管すれば、その方位の運が根づいて効果を発揮する**ってわけ。

ああ！　なるほど、応用しているのね。

運勢コスパ

 市販水の製造地を見ても、流通状況まではわからないだろ？ もしかしたら **45日以上店舗で保管されてるかもしれない**し。その場合、製造地の方位ではなく、その店舗の方位になってしまう。

だからこそ、買ってきた水を家の中心から見て、目的の効能に合った方位に45日以上保管しておけば、"**開運ミラクルウォーター**"になるってことね！

 そう、そしてこの水は非常用っていうくらいだから、きっと長い間この西の方位の収納庫にあったってことだろ？

いや、先週買った。

 何じゃそりゃ（ズゴーン）。

CHAPTER2―運勢コスパ1↓100 運気高い系女子編

164　★ MEMO: 大事なデートや商談の前には"西の水"で運気が潤う。

3STEPでできる！ #開運ミラクルウォーターの作り方

STEP ❶ ➡ **STEP ❷** ➡ **STEP ❸**

市販の
ミネラルウォーターなど
未開封の水を用意する。

下の「願い別
開運水方位」で
45日保管。
※消費期限に
注意してください。

45日以降に
飲むと効果を発揮！

願い別開運水方位

※方角は家の中心点から測ってください。

穏やかなプライベートが欲しい！

家族関係や夫婦仲を円満にするパワーが。私生活に波風が立っている場合、効果抜群。性の悩みにいい影響を与える方位でもあり、子宝やセックスレス解消にも期待できます。健康運にも効果的で、疲労回復や病状改善を願う人に◎。

モテたい！

人気運が上がり、男性からも女性からもモテるパワーを授かれる方位。柔軟な発想力を与えてくれるため、新しいアイデアが次々と生まれたり、トーク力が身についたりします。頭が固い、大人数が苦手という悩みを解消します。

北 / 西 / 東 / 南

行動力を上げる作用があります。派手に立ち回るのではなく、確実に一歩一歩進める堅実さが備わる効果が。引きこもってしまった人や内向的な人に、積極的になるエネルギーを与えます。決断力が欲しい人にも有効です。

アクティブになりたい！

縁を切りたい！

離別のパワーがある方位。しつこい人や苦手な人を遠ざけます。不正や迷惑行為を明るみにする作用が。例えば、言い寄ってくる男の言動が周囲で噂になり、結果的に手を引いてくれることに。警察など公的機関が動いてくれることも。

UNSEI COSPA_39

＃他人の幸運こそ蜜の味

＃運は伝染する　＃お金持ちが群れる理由　＃運の自動通信

> 二日酔いも治まり、お出かけの沙知。今日はイケメンに声かけられるわ、抽選に当たるわ、わかりやすく運がいい。無敵！

あ、欲しかったバッグがセール品になってる！　ラッキー。今日はかなりツイてるような……。

ポジ子のおかげだな。昨日ポジ子と一緒に飲んだだろ？　実はそれって、何にも勝る開運アクションなんだぜ！

……ポジ子は、運の神様か何か？

まあ、そう言ってもいいかもな。実は人って、自分の運を知らず知らず与えたり、逆に他人から与えられたりすることがあるんだ。それは、どんな時だと思う？

えええぇ!?　運にそんな自動通信機能があったなんて。いつだろう？　1つは、一緒にご飯食べてる時ってことなんでしょ？

そうそう。食事をともにすることは、運をやり取りすることと同じ。特に、昨日は鍋だっただろ？　鍋やオードブルみたいに、同じ皿のものを食べる時、運の自動通信は発生しやすくなるんだ。

つまり、昨日私の運はポジ子に、
ポジ子の運は私に流れていたってこと？

 そういうこと。**一番、他力本願で楽な開運法**は、
ツイている人とご飯や飲みに行くことなんだ！

何それ、コスパどころか、おこぼれだよね！　というか、普段のポジ
子は今日の私みたいに運がいいってこと？　やっぱりあの子は運のお
化けだわ。

 逆に言えば、今ごろポジ子は……。

167

あっ、私の運が……。で、でも最近はポジ子ほどではないけど、私の運勢コスパもいいんだから大丈夫でしょ！　大丈夫だよね？

運の自動通信機能って、見方によっては不便だよな。運の悪い人やネガティブな人とご飯に行くと、勝手に不運を受信しちゃうんだから。迷惑な話だぜ。

交友関係って、自分の運にも大きな影響を与えるんだね。

まあ、沙知も下手にネガティブな人とご飯に行かないほうがいいってことだな。仕事や家庭のグチばかりの人は、たいていうまくいっていない（＝不運）場合が多いから、2人きりにならないように、ポジティブな人も誘うとか。

なるほど。ネガさんの不運を一身に受けないよう分散させるわけね。でも、例えば失恋した友達（＝不運）を慰める会とか、そういうのってやっぱり大事だと思うんだけどな……。

（沙知のどの口が人の失恋を慰めるんだ……）
その場合も、もちろん友達の不運が流れ込んでくる。逆に沙知のいい運が相手に流れるから、それで友達が立ち直ったりするかもな。人を慰めるっていうのは、それくらいの覚悟がいることなんじゃないかな。相手との関係性によって決めればいいと思うよ。

★ MEMO: 同じ温度のものを食べると、運のやり取りはより活発になる。

確かにそうね。ところで、他に運の自動通信が発生するのって、どんな場面なの？

 あとは、**"お金"のやり取りと"性"のやり取り**。まあ、すべてが重なるのは、基本的に配偶者だけだな。だからこそ、**結婚相手に運のいい人や相性のいい人を選べ**ば、自分の運も上がりやすいんだ。好きか嫌いか別にして。

確かに、お金を共有して、食事もベッドもともにするのは恋人や結婚相手だけだもんね。でも、好き嫌いは関係ないの？

 そう。だから占い的には、運はよくならない相手だとしても、「好き」という感情が強ければその人を選ぶ人もいるし、「好きじゃない」としても占い的に抜群の相手もいる。何を選ぶか、沙知次第さ。

ふーん、難しいね……。

 ……なあ沙知。その後、ムサシの話をまったく聞かないんだが。

……彼には巌流島に帰ってもらったわ。

 ……は？

UNSEI COSPA_40

#絨毯を新調すると恋がよみがえる！

復縁の予感　# 東洋占術上級テク　# 新しい靴で再出発

> そう、私はムサシとつき合うことはなかった。恋愛運コスパなんて上がらない。優しくされても、私は元彼を忘れられないんだ……。ハハハ。

 そういうことだったのか……。

でも、占い的にはムサシがよかったんだよね。

 引っ越しの時も言ったけど、占いを有効活用するのに一番大事なことは、まず「自分がどうなりたいのか」ってことさ。最後の悪あがき、チャレンジするか？

……と、いうと？

 実は、復縁の願いに効果的な開運法があるんだ！

……。

……。

 ……。

CHAPTER2 ― 運勢コスパ1⇩100 運気高い系女子編

170

それ、何でもっと早く教えてくれないのおおおお⁉

 まあまあ。まずはその履き古した靴を新しくしよう！

え、新しい靴で復縁できるの？

 うん。易の卦をヒントにした開運裏ワザだ。実は**坤（地のイメージ）×震（雷のイメージ）の卦**は、**地雷復**と言って**復縁を象徴する**卦なんだ。

ああ、**時間立卦（P110）**で教えてくれた卦の解釈ね。

 そうそう。八卦にはそれぞれを表す記号があって（P109）、64卦にもこれらが組み合わさった記号がある。江戸時代ごろから、それらは「お札」の柄となって、**呪符的な意味を持っていた**んだ。

え、じゃあ「地雷復」のお札を飾っておけば、復縁できるパワーを授けてもらえるってこと？

 そういうことになるね。でも、実際お札なんかなかなか作れないし、もっと簡単で効果的な方法を教えてやる。

さすが、運勢コスパ伝道師！

 まずは、この地雷復の記号に注目してみろ。

地雷復

ふむふむ……よくわからん。

171

 短い2つの線が上からずっと続いているけど、一番下だけ1本の長い線になってるだろ？　それが、**復縁のカギ**なんだ。

ええええ⁉　さらによくわかんないよ。

 卦の解釈は連想ゲーム。卦は沙知たち人間の運を表す記号。そして、この卦の記号は人体そのものとして見立てることもできるんだ。この記号、地雷復の特徴は一番下だけ種類が違うってところ。

つまり、足元だけ違う……？

★ MEMO: 地雷復は、地に埋まった種が雷のように振動して発芽する＝復活と連想。

ザッツライト！ つまり、足元に変化をつければ、復縁を呼び寄せる運が巡ってくるってことなんだ。

そっか、それで手っ取り早く靴を新しくしようってことね！

「足元の変化」が重要だから、靴に限らないよ。絨毯やラグを新調したり、畳の張り替えなんかも効果絶大だね。

よし、今日はポジ子にもらった運気で買い物運もすこぶるいいから、全部買っちゃおう！ 復縁の部屋に大改造だぜええええ！

じゃあ、あと玄関マットとバスマットと、あと俺の寝床の布団とじんざぶろうの布団と……。

そんな余裕はありません。

それより、本当にいいのか？ 浮気した元彼なんかで。復縁したって、ビフォーよりアフターのほうが悲惨なこともあるんだぜ。

もし再会できたら……その時の気持ち次第ね。

——数日後——

やばい、本当に元彼から連絡きた。

何ということでしょう……！

UNSEI COSPA_41

#引き寄せより大事な "引き離しの法則"

#瞑想は瞑⇒想　#心の黒板消し　#引き寄せのウォーミングアップ

> 元彼は浮気相手と暮らしていましたが、彼もまた捨てられたそうです。
> だから、沙知に泣きついてきたとのことです。……は？

見事に復縁のチャンスが舞い込んできたな。
あとは首を縦に振るだけじゃないか。

誰があんなやつと復縁するか！　勝手に浮気して勝手に捨てられて
戻ってくるなんて、私はどれだけ都合のいい女と思われてるの。ああ、
もう最悪。

よかったじゃん。これで過去に引っ張られることがなくなって。

そうね。私は新しい幸せを見つけるのよ！
ほら見てこれ！（雑誌ドサドサッ）

……**引き寄せの法則**？

そう。今、開運女子たちの間で流行っている思考法よ。世の中、自
分が望んだものすべてが手に入るようにできているらしいの。だけ

ど、現実に幸せを手にできていないのは、心の深い部分で幸せを望めていないからなんだって。潜在意識で幸せを想像できるように、これから修行するの！

 へえ、どうやって？

目を閉じて。精神を統一させ、フー……。
いくよ！　ハアーーーーーーッ！

 いや、絶対違うだろそれ！　何やってんだお前。

どうしたらいいの⁉　コスまるはこの"引き寄せの法則"、
開運的にどう思う？

 イメージングって大事。だからとてもいい開運法の1つだと思う。でも、引き寄せの前に必要なことがあると思うんだ。それは、"引き離し"だ。

引き離しの法則⁉　流行りの逆を行けっていうの？

 そういうことじゃない。あまり知られていない、引き寄せの法則の重要なウォーミングアップさ。

どういうこと？　例えば今、私は「結婚している未来」を
引き寄せようとイメージングしているんだけど……。

175

引き寄せの法則は、そんな風に「幸せな未来」を潜在意識で描けば実際にその通り、あるいは同じような未来になるっていう理屈だ。でもそれは心の中に、そのいいイメージがキレイに入るスペースがある前提だ。

邪念があってはいけない、ということ？

例えば、黒板を消してから、新しいことを描かないとゴチャゴチャでよくわからなくなるだろう？ 瞑想ってあるけど、あれって実は「瞑→想」と2ステップに分かれているんだ。瞑は「暗い」という意味。つまりまず、すべてを消した状態＝心の中のもの、特にネガティブな要素を取り除いて無の状態にする。そこに想＝いいイメージを入れていくってわけ。

なるほど！
黒板消し（＝瞑）と同じように、引き離しが大事なのね。

そう。例えば「結婚している未来」を引き寄せたとしても、心の中にネガティブなものがあれば、それと結びついてしまう。「結婚」を引き寄せても、借金があるとか女グセが悪いとか、「ろくでもない旦那」と結びついてしまうイメージだな。

女グセが悪い……うっ、頭が。

★ MEMO: 新しい幸せより、不幸せを引き寄せないことが大事。

不安や焦り、嫌な思い出。これらは完全に消えることはないと思う。それを直視した時に、動揺したり過去に立ち返って恥ずかしいとか悔しいとか思うようなら、無理に引き寄せようとしないほうがいい。**自分のネガ要素を、映画の中の話みたいに"他人事"に感じられるようになったらOK**さ。

まずはネガ要素を引き離せるように修行あるのみね！　フー……。
　　　　　　　　　　　　　　　　　　　　　　ハアーーーーッ！

　　　　　　　　　　　　　　　　　　　　　　　にゃーーーー！

だから何なんだよそれ。

UNSEI COSPA_42

#使っても手元に帰ってくる "魔法のお金"の作り方

#セレブの財布管理術 　#かわいい金に旅をさせろ 　#お金が増え続ける女

> 結婚している未来を想像した結果、「もっと貯金いるよな」と。
> そんなこと考えたら、ATMから引き出す額を渋っちゃう沙知なのでした。

いい年した大人が引き出す額が、1万円ですか!?

だって、いっぱい引き出すと使っちゃうんだもん。

いいじゃん。いっぱい引き出して、いっぱい使っちゃいなよ。

軽っ！　今後の恋愛や結婚を考えたら貯金は大事だよ？
子供の養育資金や老後のことを考えると……、うっ吐き気が。

仕方ない、**とっておきの金運特化型開運裏ワザ**を伝授しよう。

さすがコスまる！

ズバリ！　**財布の中のお札はすべて、45日以上保管してから使うこと**。これだけで入ってくる、いや、正確には"**帰ってくる**"お金の桁が違ってくるぜ。

CHAPTER2 ―運勢コスパ1⇩100 運気高い系女子編

コスまる先生。1万円を使わずに1ヵ月半生活しろと？
1ヵ月1万円生活でも過酷なのに、無理に決まってるじゃないですか！

だからたくさん下ろせって言ったんだ。45日という数字、
すでに運勢コスパの高い沙知なら、ピンときただろ？

もちろん、運が定着するまでの時間よね！
でも運が根づくのであって、財布とお札はどう関係あるの？

よく、おまじないとかであるよな？　会計でお札を使う時に、「またこの財布に帰ってこいよ」と念じれば、自分の元に帰ってくるって。

うんうん。私もよく心の中でつぶやいてるよ。

そんなことで、戻ってくるわけないじゃん？

えええ⁉　急に落としてひどいやん、何やねん！

何やねんはこっちのセリフや。いきなり「帰ってこいよ」って。いつ、うちら同棲始めたん？　まだつきおうてもないで。ホンマ勘違いせんといて、私はアンタの女やない！

（お、お札になりきってる……）
いや、せやけど……うちのお札やん自分。

179

ATMから下ろして、たかだか1日2日でうちの何がわかるん？　ずっとあんな温度のない機械に預けてたくせに！　今更彼氏ヅラしないで！

……そうか。寂しい思いさせてホンマすまんかった。これからはワイの財布で一緒に暮らそう。ぎょうさんかわいがってやるさかい。

……約束だよ？

—45日後—

お別れの時や、どうしてもこの飲み会はワイが出さなあかんねん。

そんな、捨てないで！

捨てるんやない、かわいい子には旅をさせるんや。せやけど、いつでもここ（財布）に帰ってくるんやで。

……わかった！　私、もっと大きな額になっていつか帰るから、いつか必ず帰るからーーー！　……とまあ、こういう感じで、お札をたらし込めば、持ち主の財布を"自分の家"だと認識してくれるんだ。それまでの時間が、45日ってわけ。

CHAPTER2　運勢コスパ1↓100　運気高い系女子編

★MEMO：1ヵ月半使わなかった小銭は、天然の福銭になる。

 茶番が長いよ。

 とにかく、下ろしたお札は 45 日間保管しておくこと。

それだけ持っていられる時点で、お金持ちって気もするけど。

 逆だよ。**だからお金持ちは、お金が減らない**んだよ。そもそも財布に入れてる額が大きかったり、クレジットカードがメインだったりするから、自ずと現金が減らないしね。

なるほど。それより何だか、お札がかわいく見えてきた。いっぱい下ろしてみんなで暮らそう！　私の恋人はお札だったんだ！

 守銭奴にならないように気をつけてね……。

突然ですが、
私、結婚相手を
探します。

怒涛の
恋愛運コスパ講座が
幕を開ける！

私はダメだ、魅力がない、運がない。
そうやって自分で自分を傷つけ始めたら、運勢コスパはガタ落ちだ。

なぜうまくいかないのか"頭"では何も反省せず、
"心"だけで感情的にネガティブになる人は誠意がない人。

自分を大事にできないと、他人を大事にすることもできない。
自分の心が温かくないと、その熱を周りに伝えることができないから。

私は、これから、自分を大事にすることで周りを幸せにするんだ。
過去の恋愛の失敗を冷静に分析しつつ、新しい恋を始めるんだ！

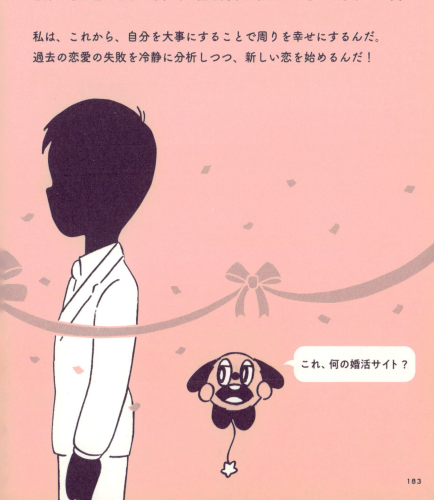

これ、何の婚活サイト？

UNSEI COSPA_43

＃桃花風水で愛されすぎて困ってます

＃恋とリンクして咲く花　＃恋愛運コスパ　＃最近色っぽいあの人の秘密

過去のトラウマを乗り越え、本気の恋活を始めた沙知！
珠玉の恋愛開運法が伝えられる……！

コスまる。私、本気で恋をしたいんだけど。

 よし、それじゃ、困るくらいモテモテになる究極の恋愛開運法を伝授しよう。その名も、桃花風水だ。

え、風水？

 ああ。恋愛・結婚直結型の風水だ。

何それ絶対試したい。ところで、桃花って何？

 そもそも中国では、恋愛運のことを桃花って言うんだ。恋愛や結婚、もっと身も蓋もない言い方をすれば色情運を上げる風水だ。女性としての魅力や色気を大幅にアップさせてくれる。

私にもできるかな？

 誰だってできるさ。だって、好きな花を買ってきて、置くだけだから。

184　★MEMO：モテすぎて、既婚者が実践すると不倫に走る恐れも……。

え、好きな花なら何でもいいの⁉　それならできそう。

※桃花風水のやり方はP186〜187をチェック！

ふむふむ。今は設定上2019年の亥年だから、家の北に黒か濃い紺、藍色系で凹凸の花瓶に花を生けておけばいいのね！

この条件で置かれた花こそ、桃花。沙知の中にある**本当の魅力を引き出してくれる**花だ。**恋愛運のレベルアップアイテム**だと思ってくれ。

すごい……！　本当にこれだけでモテるの？

1つ重要なことは、**外に出ないと何も始まらない**ってこと。「王子様が現れて」系の効果は期待しないでくれ。とにかく、沙知がモテるよう魅力を引き出してくれる花なんだ。だから、**異性の目にふれればふれるほど効果的**ってわけさ。

なるほど。早速合コンのセッティングを開始します。

婚活パーティーやマッチングアプリでも無双できるぜ！

恋のライバルには教えられない!?
#桃花風水で恋愛運コスパ覚醒！

寅（とら）・午（うま）・戌（いぬ）の年の桃花条件

花を飾る方位	東
花瓶の種類	竹筒のような細長い花瓶
花瓶の色	青・緑系
花の数	3本もしくは8本

卯（う）・未（ひつじ）・亥（い）の年の桃花条件

花を飾る方位	北
花瓶の種類	凹凸のある形
花瓶の色	黒・濃い紫・藍色系
花の数	1本もしくは6本、末尾が1になる本数（11本など）

CHAPTER2 ― 運勢コスパ1⇩100 運気高い系女子編

やり方

生まれ年ではなく、実践する年の干支ごとの下の桃花条件に沿って好きな花を飾りましょう。枯れる前に新しい花を用意して。絶やさないことで恋愛運を維持できます。

※各方位は家の中心から見て45度のエリア

☆例

2018年の場合、戌年なので下記の「寅・午・戌年の桃花条件」をチェックします。家の中心から見て東の方位に、青か緑の細長い花瓶に花を3本または8本飾って、常に絶やさないようにしてください。

子・辰・申の年の桃花条件

花を飾る方位	西
花瓶の種類	丸くずんぐりした形
花瓶の色	白・メタリック系
花の数	4本もしくは9本

丑・巳・酉の年の桃花条件

花を飾る方位	南
花瓶の種類	フラスコのように底が広く、口が狭い形
花瓶の色	赤系
花の数	2本もしくは7本

UNSEI COSPA_44

#魅惑の視線で男を釘づけにするモテメイクって!?

#開運恋コスメ　#コミュ力UP　#顔が強い

> 朝、メイクをしながら物思いにふける沙知。桃花の効果か、職場でもモテ始めた。そんな時でした、取引先で丸男さんと出会ったのは。

鏡よ鏡、世界で一番美しいのは誰？　それはね、お前だよ沙知。丸男もお前にぞっこんさ。今日はこのお気に入りのアイシャドウで……いや、やっぱりこっちか……どうすればいいの!?　コスまる!?　何か、恋愛運コスパがよくなるメイク法とかないの？

 お前はあの、丸男ってやつに本気なのか？

私が大事な資料を忘れてしまったのに、あんなに爽やかに場を丸く収めてくれるイケメン。惚れるに決まってるでしょう。

 ついに、過去のトラウマから解き放たれた沙知が動き出すのか！　よし応援するよ！　開運モテメイクを伝授してやる。まず、目尻を赤くすると恋愛運がグンとUPする。つまり、アイシャドウは赤系が効果的だ。目は人相で桃花（異性運）を表す場所。恋愛運が高まると自然とここが赤く染まるんだ。それを逆手に取って、自ら運を上げるのさ。

へー！　人相を応用した開運法なのね。

★ MEMO: 黒は悲しみを表す色。目元を暗くすると、恋愛で泣きを見やすい。

他にもたくさんあるぞ。例えば、**眉間が広すぎると恋のチャンスがすり抜けてしまう**から、アイブロウでほどよく整えるとか……。
※詳しい開運モテメイク術についてはP190〜191をチェック！

すごい、メイクにもこんな開運裏ワザがあるなんて。ありがとう！
今日は何だか丸男さんと、お近づきになれる気がしてきた！

――沙知が化粧台を離れた隙に――

……鏡よ鏡、世界で一番丸いのは、俺？（ドキドキ）

世界で一番丸いのは……お前じゃない。丸男だにゃー。

（またしゃべった……!?）

開運ビューティーアドバイス！
#人相的運勢コスパ最強メイク

❶ ヘアスタイル

ショートは仕事運、
ロングはプライベート運充実

　ロングは、実利から離れる、つまりは趣味や芸術などを第一に考えるようになる作用が。余裕のある年上からモテやすくなります。ショートは実生活に即した合理的な髪形。仕事運が上がり、テキパキした姿勢に年下男子から人気が出ます。

❷ アイブロウ

眉間が広いと
チャンスを逃す

　人相的に、眉間はチャンスの通り道。いい運はおでこから降りてきて、鼻で受け止めるという流れなのです。しかし、眉間が狭いと幸運の通り道を閉ざすことに。逆に広すぎると抜けてしまいます。指2本分くらいの広さが理想です。

❸ アイシャドウ

目尻を赤くすると
恋愛運UP！

　人相では、目尻は異性運を象徴するポイント。桃花を催している（恋愛をしている）人は、不思議と目尻がほんのり赤くなります。逆に、恋がしたい人は赤系のアイシャドウで目尻を赤くすれば◎。簡単に恋愛運を上げられます。

❹ アイライン

目元を大きく見せると
口下手改善

　目が大きく見える＝中のもの（眼球）をさらけ出すということ。人相的には、表現力が豊かであることを表します。異性にうまくアピールできない人は、アイラインやつけまつ毛で目を大きく見せること。異性の前でも自然体になれます。

❺ チーク・シェーディング

輪郭を
和らげると柔軟に

　人相の世界では頬骨が目立つ人は、自分の意見を曲げない頑固な人。特に正面から見て目立つ人は、直接意見する人。横から見て目立つ人は陰口を言ってしまうタイプ。メイクで印象を和らげると、異性と接する時も穏やかになれるので◎。

❻ リップ

唇中央を強調すると
モテ度UP！

　唇の真ん中にアクセントを置くと恋愛運UP。芸妓のメイクテクニックにもなっていますが、唇中央の富士山のように盛り上がっている部分を強調すると、異性を迎える口になります。口角部分より少し色を濃くすると効果はてきめんです。

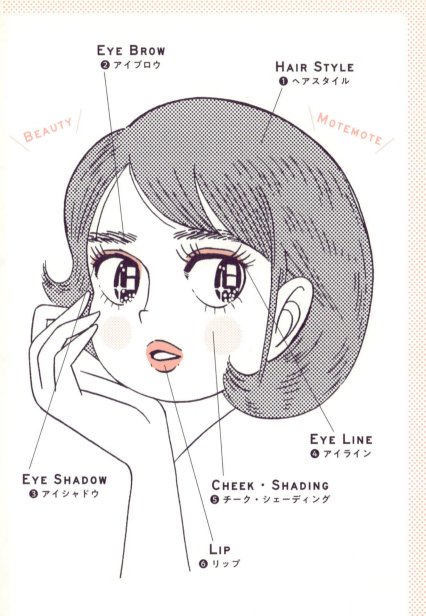
※左ページの該当する箇所を読んでください。

UNSEI COSPA_45

#右目を見つめれば男は落ちる

#右目は女の目　#左目は男の目　#人相恋愛テク

> モテメイクを施したその日、流れで丸男に食事に誘われた沙知。
> これって仕事の話？　それとも……？　パニック！

好きな人と食事なんていったい、いつ振りなんだろう。

これは思ってもみないチャンスだぜ、沙知。世界で一番丸い男だぞ。

いや、太ってるみたいな言い方やめて。緊張でやばい。どこを見たらいいかわかんないよ。まあどうせ、仕事の話だよね。今も上司の電話に出て、しばらく戻ってこないし……。

たとえ仕事の話だったとしても、丸男の**右目を見つめる**んだ。それだけで、あいつを落とせるぞ。

えええ!?

おい、こんなよさげなレストランで大声出すなよ……。安心しろ、俺が人相術から編み出した、**男を落とす三ツ星恋愛テクニック**を教えてやる。

おいしい思いをできる開運裏ワザを教えてくれるのね、期待！

 今朝、目は桃花（異性運）を表すって教えたけど、実は左右の目で男女の運が分かれる。**右目が女性的なエネルギーを感じやすい目、左が男性的なエネルギーを感じやすい目**なんだ。

ヘー！　男目と女目ってあるのね。知らなかった。

 陰陽五行でも右＝陰＝女性、左＝陽＝男性だろ？

あ、確かに。だから丸男さんの右目、
つまり女性のエネルギーを感じやすい目を見て話せばいいの？

 そういうこと！　**丸男の右目を見て話せば、
沙知の女性としての色気を感じやすくなる**ってわけさ。

たったそれだけで!?

 色っぽいメイクやファッションより効果的だぞ。逆も然りで、丸男の視線が沙知の左目（男のエネルギーを感じやすい目）に刺されば、沙知はよりいっそう魅力を感じて、虜になってしまうだろうな。

すごい……。目で恋の攻防戦が起きるなんて。つまり、例えばその気のない男とか、"色気を感じてほしくない人"の右目は、見ないほうがいいってことよね？

193

ああ。その場合は<mark>左目（男のエネルギーを感じやすい目）を見て話せば、異性として意識されず</mark>、友人やビジネスパートナーみたいに映るだろうな。男が男の視線を受けるんだから。

なるほど、左右の目で関係性を調整できるってことね。人相っておもしろい！　どっちの目を見て話すかなんて考えたこともなかった。

恋愛だけじゃなくて、どんなシーンでも役に立つ裏ワザさ。例えば女の人が女の右目（女のエネルギーを感じやすい目）を見て話すと、女性同士のエネルギーがぶつかってしまって、険悪なムードになることもある。

え、怖いね……。お局さんと話す時は、左目（男のエネルギーを感じやすい目）を見るように心がければかわいがってもらえるってことね。

そういうこと！

右目を徹底的に攻めなきゃ。じーっ。

……何で俺の右目を見るの？

じーっ。

……やれやれ、何の意味もないぞ。だって俺、人間じゃないから！

★ MEMO: 目尻のしわが多い人は、恋愛経験豊富。

ちょっと、よさげなレストランで変なこと叫ばないでよ！

 お、丸男が戻ってくるみたいだぞ。
あ、その前に！　この開運裏ワザ、星いくつもらえるかな？

星……1つ！

（ズコー！）

UNSEI COSPA_46

#真のラッキーカラーは開運実験でわかる！

#"色"はワンポイントで　#幸運を身にまとう　#靴は運勢のベース

> 右目の三ツ星恋愛テクの効果は絶大！　丸男からデートに誘われた沙知は、前夜から何を着るか悩みに悩み中。そして……。

決めた！　明日の私のラッキーカラーは赤。赤いワンピースに赤いカーディガン、赤いハイヒールで行こう。

 いや、真っ赤！　火の車！　そんな女と歩きたくねえよ。

赤で運が上がるってテレビで言ってたよ。

 まあ、落ち着け。人それぞれその時のラッキーカラーってのは確かにある。でも問われてるのは、**色の表面積の広さじゃなくて、どれだけその色を強調できるか**。全身真っ赤な格好で街を歩いてみろ。目立つのは赤じゃなくて、沙知だから。

確かに……。

 ラッキーカラーは、**ワンポイントで目立たせるほうが効果はてきめん**なんだ。白ワンピにヒールだけ赤とか、バッグだけ赤みたいなコー

CHAPTER2 ─ 運勢コスパ1⇩100　運気高い系女子編

196

デがベストだな。大げさな準備をしなくても、運を味方につけて1日を過ごせるよ。こっちのほうが断然運勢コスパがいいだろ？　本当に赤が沙知のラッキーカラーならな。

どういうこと？

実は、自分に合ったラッキーカラーや運がよくなるファッションって、見極めが難しいんだ。本当に効果のあるものが知りたければ、開運実験をしてみることだな。

か、開運実験!?

そう。不思議と「今日はいいことあった」「調子がよかった」って日に同じ色の服を着ていたりする。その色や服こそが真の「開運コーデ」なんだ。

ヘー！　結果から逆算して運勢コスパを上げていくのね。

実は人間って、驚くほど同じルーティーンを持っているんだ。最近よくある3年日記とかつけてみるとよくわかるよ。1年前の今日と2年前の今日、同じ色の服を着ていたり、同じものを食べていたり。

いやいやそんなバカな……。
というか実は私、3年日記つけてるからチェックしてみようか？

ま、まじか。

CHAPTER2｜運勢コスパ1⇓100 運気高い系女子編

えーと、どれどれ……。な、何じゃこりゃあああ！　1年前の今日は彼氏にサプライズプレゼントをもらう、2年前の今日はおばあちゃんにお小遣いをもらってる！　ラッキーデイじゃん！　あ、そういえば確かに、ちょうど1年前も2年前も今日と同じピンクの服を着てる！

 そうか。沙知にとって一番信頼できるラッキーカラーはピンクかもしれないな。

これが開運実験の成果なのね！　ノーベル占い賞候補だよ！

★MEMO: 極端に不運な時は、派手めの服に挑戦すると改善されやすい。

とにかく、<mark>無意識のルーティーンが運のリズムを作っている</mark>んだ。だから、<mark>運が悪いと感じるなら、その流れから抜け出すこと</mark>。ただし、<mark>どんな時でも運を下げる幸薄系アイテム</mark>があるから、それだけは避けるんだぞ。

何それ!?

 1つは、薄汚れた下着とかブレスレットとか"<mark>肌に直接ふれるもの</mark>"。<mark>運は皮膚から伝わる</mark>ものだから、清潔に保っていないと運は悪くなる。

し、下着は大丈夫なはず。

 もう1つは、汚い靴。<mark>靴は運勢のベース。靴の見栄えが自分の運勢を反映している</mark>と思ってくれ。つまり、臭かったりみすぼらしい靴はNG。<mark>運が悪いなと思ったら、まずは履いてる靴をチェックしてみること</mark>だな。

なるほど。じゃあ明日は、白ワンピにキレイなヒール、
ピンクのバッグが正解ってことね！

 そういうことだな。

朝一でショップに行かないと。

 いや、やっぱり持ってないんかーい。

UNSEI COSPA_47

#シャツに小細工で 愛妻家を仕立てる！

#愛の波縫い　#右腕はまじめの象徴　#おまじない手芸

> ついに恋は始まり「アハハハ」「ウフフフ」みたいな日々が続いていた。
> しかし沙知は過去のトラウマから、丸男の浮気を心配していた。

はぁ、丸男さんもいつかは別の女と、全然丸くない過ちを犯すに違いないわ。はぁ、丸男さんもいつかは別の女と、全然……。

 くり返すな。

この不安をどう抑えたらいいの？　コスまる!?

 丸男は大丈夫だろう。もう半同棲みたいな感じだし、ほぼほぼゴールインできるんじゃないのか。ただ、どうしてもって言うなら、手がないわけではない。この、針と糸を使えばなっ！

ま、まさか……！　縦の糸は丸男的な？

 違う違う―！
パートナーの浮気防止の裏ワザ手芸を教えてやるって話だ。

裏ワザ手芸!? 丸男を家に縫いつけておけとでも言うの!?

発想がいちいちこえーよ。実はな、丸男の**Yシャツにこっそり細工をするだけで浮気心を抑えることができる**んだ。そのヒントは卦にある。

※八卦、64卦の解釈はP109〜111をチェック！

時間立卦で教えてくれた、易の卦の話ね。

ああ。そこで重要になってくるのが「坤」の卦だ。これは、温厚さや貞操観念がしっかりしている人格を表す卦。

不倫や浮気に対抗する卦、という感じね！

そう。そして実は、八卦にはそれぞれが表す身体のパーツがある。坤の卦は右肩〜右手を表す卦。八卦に当てはめられた方位を人体と合わせてみるとわかる。坤の卦は西南。当てはめた人体を見てみると、右肩〜右手の部分になるんだ。

なるほどー。卦の解釈は本当に様々だね。つまり、その部分をどうにか強調すれば、坤の卦のようにまじめでふらつかない男になるってわけね。

ザッツライト！ さらに！ 念には念を入れよう。八卦の解釈からさらに深い64卦を見てみると、坤×艮の卦は謙虚さを表す卦だとわかる。この組み合わせを地山謙(P111の場合、横軸の坤×縦軸の艮)と言って、最上級のまじめさを連想させる、浮気から最果ての卦なんだ。

つまり……どうしたらいいの？

ハハハ。さすがに上級すぎたか。坤（右肩〜右手）に艮をかける。艮には障害とか渋滞とか、流れを「止める」作用がある。右肩〜右手で考えると、流れが変わるのは"関節"。つまり、肘。地山謙は右肘だと連想できる。

★ MEMO: 右手に腕時計をしている人は純粋な人が多い。

すごい、どんどんつながっていく！

さらに、艮は「山のイメージ」だろ？　つまりその部分が"盛り上がる"といいわけだ。しかもバレないように。となると、最善の策は、丸男のYシャツの右肘あたりに糸を縫いつける（＝少し盛り上がる）と、この上ない誠実人間が仕立て上がるってことよ！　同色系の糸なら誰にも気づかれずに済むしな。どんなもんじゃい！

すごいコスまる！　天才、パチパチパチパチ。

これで、丸男を沙知の心に縫いつけられるのさ。

ふふふ。裏ワザ手芸、世の中の女子・奥様方に流行るかもね。
それにしても、卦の解釈っておもしろいな。

そうだろ？　坤×艮の卦以外にも、解釈は無数にできる。64卦を覚えれば、いつでもどこでも自分の最適な行動を占えるから、運勢コスパ最強だな。興味があればもっともっと勉強してみてくれ。もし、近い将来俺がいなくなっても大丈夫なように。

……え？

ま、俺の占いは針の穴を通すがごとく正確だから、
足元にも及ばないだろうがな。

UNSEI COSPA_48

#運気高い系は体内から運を取り入れる

#開運めし　#幸運を食す　#五行食材

> 本格的に丸男と同棲を始めた沙知。ある日、仕事がうまくいかないと悲壮感を漂わせて帰ってきた丸男。……力になりたい！

何だか丸男さん、仕事がうまくいっていないみたいなの。

 こんな時こそ、==五行料理==で胃袋をがっちりつかんどけ！

五行って陰陽五行の？

 そうそう。この世界のあらゆるものは==「木・火・土・金・水」のエネルギー==でできている。それは人間の身体も同じなんだ。例えば五臓。肝臓（かんぞう）＝木、心臓（しんぞう）＝火、脾臓（ひぞう）（現代医学では膵臓（すいぞう））＝土、肺（はい）＝金、腎臓（じんぞう）＝水のエネルギーでできているんだ。

へー、おもしろい！

 食材もそう。肉の種類1つとっても、木＝鶏肉、火＝ラム肉、土＝牛肉みたいに分けられる。例えば、==肝臓が悪い人は木のエネルギーが足りていない人==。つまり、==鶏肉を食べると回復==に向かうんだ。

ええええ……医学じゃん。

★ MEMO: 色体表と呼ばれる、あらゆるものを五行に分けた分類表が存在する。

まさにその通りで、
<mark>漢方や針灸からなる東洋医学は、この陰陽五行に基づいたもの</mark>なんだ。

陰陽五行は、生きていくうえで本当に不可欠なものなんだね。
でも、それじゃあ丸男さんに何を食べさせたらいいのかな。

今のはあくまで東洋医学の話。陰陽五行をもっと占い的に見てみると、やはり<mark>五行それぞれに上がりやすい運がある</mark>んだ。例えば、<mark>火は地位やステータスを上げる作用</mark>、つまり仕事運に影響を与えるもの。
※五行と運を上げる食材についてはP206〜207をチェック！

なるほど、つまり今仕事がうまくいっていない丸男さんは火のエネルギーが不足している。だから表にあるように、ラム肉、トマト、赤ワインとかで運を回復させることができるのね！

その通り！　以上、コスまるクッキングのコーナーでした！

作ってはないよね。

205

幸運を体内に取り入れる！
運勢コスパを上げる**五行食材**

新しいチャレンジをする決断力が欲しい時！

木行は「春＝季節の始まり」を表します。そのため、新しい環境に身を置く時に食べると◎。転職や異動など節目の日に口にすると、フレッシュなエネルギーで調子よく過ごせるはず。

★木行を活性化させるもの

カラー	形	味	野菜	穀物	肉	果物
青	長いもの	酸っぱいもの	ニラ	麦	鶏	すもも

例

黒酢、餃子、から揚げ、ビール、ピザ、ブルーベリー、チョコミントアイス、すももジャム、酢豚、パン、鶏ニラ炒め……など

暗闇を照らす火のように、不可欠な存在となるパワーを宿す食材。特に職場で成果を上げやすくなります。仕事で結果を出したい時、出世したい人におすすめ。情熱的に物事に取り組めるように。

仕事で成果を上げたい時！

★火行を活性化させるもの

カラー	形	味	野菜	穀物	肉	果物
赤	三角形	苦いもの	らっきょう	キビ	ラム	あんず

例

ジンギスカン、赤ワイン、サンドイッチ、キムチ、トマト、りんご、さくらんぼ、スイカ、コーヒー、あんず酒、ショートケーキ……など

不安定なリズムを落ち着かせたい時！

★土行を活性化させるもの

カラー	形	味	野菜	穀物	肉	果物
黄	四角形	甘いもの	セリ	ー	牛	ナツメ

例

ステーキ、チョコレート、オレンジジュース、はんぺん、かぼちゃ、プリン、冷奴、ローストビーフ、レモン、とうもろこし、マンゴー……など

大地のような"安定"の作用が。気持ちが落ち着かない時や生活の波が激しい人に◎。穏やかな家庭を引き寄せる力も。「成長」のパワーもあるので、伸び悩んでいると感じたら口にしてみて。

金行は「秋＝実り」を表し、いいことが次々と起こることを暗示しています。恋愛運や金運を上げるラッキーフード。プライベートでの勝負の日に◎。告白や趣味のお披露目が大成功！

 素敵な恋愛を引き寄せたい時！

★金行を活性化させるもの

カラー	形	味	野菜	穀物	肉	果物
白	丸	辛いもの	ネギ	米	ー	桃

例

卵、玉ねぎ、うどん、トウガラシ、牛乳、オレンジ、麻婆豆腐、チャーハン、チーズ、うどん、カブ、白米、生クリーム、大根……など

 人間関係に悩んでいる時！

★水行を活性化させるもの

カラー	形	味	野菜	穀物	肉	果物
黒	流線型	塩辛いもの	ー	豆	豚	栗

例

モンブラン、コーラ、とんかつ、納豆、フライドポテト、黒ゴマ、海苔、豆乳、しょうが焼き、黒豆、しゃぶしゃぶ……など

深い海のように、思慮深くなれる作用が。結果よりも心情や努力に目が向くようになります。周囲の信頼度が大幅UP！ 気持ちがドライだと感じたら食べてみて。性的な魅力が増すパワーも。

運勢コスパ、覚醒。
運に左右されても幸せモード突入！

運がいいから幸せ？
運が悪いから不幸せ？
運の良し悪しがあるのは事実だけど、
幸せは私の主観で決めるものだと気づいた。

今日、彼とデートをしました。
不運なことに、
彼は財布を忘れ、私がお金を出し、
途中で急な雨に濡れ、
観戦予定だったスポーツが中止になり、
帰りの電車が事故で止まり、
割と散々な１日だったけど、

私は今、彼と一緒で幸せです！

吉凶と幸不幸は別物だ。

何なの？
何の婚活サイトなの？
ねえ？

UNSEI COSPA_49

#駅は幸運の源泉地！

龍穴を探せ　# 駅北でプロポーズ　# ショッピングモール・公民館も◎

そろそろ丸男とゴールインしたい。プロポーズの言葉を待つだけ。
いつまでも待つ……そんな悠長なことは、言えない。

丸男さんがなかなか決断してくれない。どうしたらいいの!?　明日のデートにも特に動きはない見通し。早急に対策、求む。

 いや、焦りすぎだろ。どこでデートなの？　正確な場所を教えて。

○○駅から西南に5分くらいのカフェに行く予定よ。

 早急にデートプランの変更を。駅から西南の場所は、「腐る」作用のある方位。プロポーズどころか、別れ話になるかもな。

えええ!?　断固阻止しなきゃ！　この期に及んで破局とか、バッドエンドじゃん。だいたい、駅からの方位ってどういうこと？

 駅は龍穴っていう、幸運の源泉地の1つなんだぜ。ここから湧いて出た"気"がどっちに流れていくのかを見極めれば、いい"気"が流れている場所がわかるんだ。この龍穴を探すのが、本来の風水師の仕事だって、知ってた？

知らなかった……。風水って家の中や周辺環境を整えるものだと。

CHAPTER2　運勢コスパ1↓100　運気高い系女子編

210

風水は文字通り「風」と「水」の流れを利用していい"気"を家に取り入れること。そのために家の中や周辺環境を工夫するのも大事だ。ただ、一番効果的で効率がいいのって、「いい気しか流れ込んでこない」場所に、家を建てることだと思わないか？ そうすれば細かいことは気にしなくても、自動的に運は上がるんだから。

確かに。その場所を探すのが、風水師の仕事ってことね。

そう。昔の中国の風水師は、
何ヵ月も山を歩いて、気のあふれ出す場所（龍穴）を探したんだ。

へー。プロって感じね。だけど、なぜ駅が龍穴になるの？

風水では人＝エネルギーとも考えられていて、人の出入りが多いところは気の出入り口にもなると考えるんだ。その現代の代表的なスポットが駅ってわけさ。駅以外でも、人の出入りが多いならショッピングモールや公民館でもOK。

なるほど。そこから出てきた、
様々な運に影響する"気"が各方位に流れていくということね。

 うん。しかも一定のサイクルで流れを変えながら。例えばある期間
は駅から見て北口は栄えているのに、西南口はシャッター街が広がっ
ていた。だけど、最近は逆に西南が栄え始めた、みたいにね。

へー！　今はどこの方位がいいのかしら？
※駅＝龍穴からわかるラッキー方位はP213をチェック！

 今の沙知の願いには駅の北が最高の方位なんだ。2023年まで結婚や
社会的ステータスを上げてくれる"気"が流れている方位だから。

まさに、結婚運！

 ああ、デートを駅北のレストランに変更すれば、
かなりプロポーズの期待が高まるぜ！

ついに……ついにその時がくるのね！

 ああ。名実ともに、運気高い系の仲間入りだ。

……あ、もしもし？　××式場ですか？

 いや、さすがに早い。

★ MEMO：風水とは風で悪い気を散らし、水にいい気をためるのが基本。

8つの出口が運を分ける！
駅＝龍穴からわかる ラッキー方位

西北

右脳が活性化

クリエイティブな才能が活性化される方位。音楽や映画・お笑いのネタなど文化的な発想力がUP。特に本や雑誌などに関わる仕事に効果的。西北のカフェで新しいアイデアが生まれます。

北

プロポーズされる

社会的ステータスが上がる方位。大事な商談は駅から北の店がおすすめです。外国の人や文化との交流が盛んになる作用も。また、結婚を前提とした人とのデートに◎。距離がグッと縮まります。

東北

堅実になる

淡々と仕事や課題をクリアする忍耐力が備わる方位。進まない報告書や資格の勉強などは、駅から東北の喫茶店や図書館で作業をするとはかどります。休日に穏やかに過ごしたい人にも◎。

西

サイドビジネスに◎

繁華街など夜をメインに活動すると運が上がる方位。異性と花火やイルミネーションを見るといい雰囲気に。また、子宝に恵まれたりセックスレスを解消するパワーも。副業をするにもいい方位。

— 龍穴とは —

駅や空港、学校、公民館など地域一、人の出入りが多い場所が龍穴です。

東

お金を貯めたい！

金運がグンと上昇する方位。資産運用の相談は、駅の東にある金融機関に行くと満足のいく結果になりそう。不動産の購入を検討している人も東の物件が吉。お金を貯めるきっかけが多いはず。

西南

禁断の関係が……

「腐る」作用を持つ方位。良好だった関係にヒビが入ったり、うまくいっていた仕事が頓挫してしまう可能性が。大事な商談や特別なデートでは回避したいところ。不倫や浮気が発覚することも。

南

活力がみなぎる

エネルギッシュで身も心も若くなれる方位。体力も長持ち。駅の南で開催されるイベントやお祭りは十中八九楽しめます。南口のお店は繁盛していることが多く、商売運も高い方位です。

東南

得をすることが！

ワクワクする出来事や喜ばしいシーンが多い方位。ラッキーなことが多いので、特に予定がなくても足を運んでみて。ショッピングに出かければ、思わぬ掘り出し物が見つかるでしょう。

※2023年までの吉方位です。

UNSEI COSPA_50

#始まりよければ
すべてよし

#円満な関係は暦で決まる　#この日だけは　#飽きられない女

ついに、丸男からのプロポーズ。沙知の結婚が決まった。
おめでとう。コスまるは身支度をしていた……。

どこの式場がいいかなー♪　ポジ子の時は……
あれっ。コスまる、何してるの？

 あ、いや、何でもない。
（結婚式が終わるまでは、俺が旅立つことは伝えないでおこう）

……？

 そんなことより、婚姻届を出す日は決まったのか？

うーん、私の誕生日にしようか、いい夫婦の日にしようか。

 婚姻届を出すタイミングは慎重に選ぶんだぞ。
運勢コスパ的に、人生で一番大事な日なんだから。

えええ!?　一番大事なの？

そう結婚生活の誕生日だからな！　世の中の仲よし夫婦やカップルは、皆始まりのタイミングがよかった人たちだ。始まりのタイミングとはもちろん、暦的にいい日ってこと。

大安吉日とかってこと……？

 それもそうだし、個別の占い結果で割り出した日でもいい。とにかく何かがスタートする日は、自分の運がいい日を選ぶんだ。恋愛に限らずな。これが効率よく運を上げる鉄則だ。

仕事を始める日とか、趣味を始める時もってこと？

 そうそう。新規プロジェクトの成果や、趣味の充実度が大きく変わるからな。逆に言えば、始まりの日さえしっかりしていれば、あとはだいたい運に恵まれるってこと。

運勢コスパ最強じゃん！

 そうだな。恋の始まりが運の良し悪しに影響されるからな。運が悪い日に結婚生活が始まれば、いずれ暗雲が立ち込める。旦那が不倫したり経済的に苦しくなったり。でも、運のいい日に恋が始まれば、その幸せが高いラインを保ってずっと続く。それくらい、始まりの日って重要なんだ。

危ない……。運よりも記念日を重視して決めるところだったよ。

それはダメだ！　俺は沙知に幸せになってほしいんだ！
だから、婚姻届を出す日は俺が決める！

コ、コスまるううう！

――婚姻届を出した夜――

結婚＝幸せかどうかは人それぞれだけど、
沙知にとっての夢は叶った。これにて、運気高い系女子の完成だ。

……本当にありがとう。思えば、どん底だった私がここまで来れたのは、コスまるが教えてくれた運勢コスパを上げる裏ワザのおかげよ。

まったくその通りで、俺のおかげだな。

って、ちょっとは私もほめてよ。

沙知は**運勢コスパが上がって、本当によく笑うようになった**。だからもう大丈夫。幸せな人生を送れるさ。沙知みたいに行動できる人は、運さえよければ無敵だから。今までは効率が悪かっただけ。

コスまる……。コスまるが教えてくれた開運法を実践すれば、どんな不運な人、現状に満足していない人も立ち直って人生が楽しくなるよ。もっともっと、拡散していかないと！　これからもよろしくね、コスまる！

 にゃー！

 ……来週の結婚式、楽しみだな。

うん！ 私、幸せ！

 （どこかで幸薄系女子が俺を呼んでる。そろそろお別れだな……沙知）

エピローグ

ありがとう、コスまる……。

終わりに

さて、君は無事「運気高い系」になることができたかな？
もし、まだ幸薄系のままなら、
次は君の元に行くことになるかもな！

運勢コスパを上げるってことは、
「最短ルートで幸せをつかむ」ってことなんだ。

せっかく頑張った沙知や君の努力を無駄にしたくない。
そのために、俺たち開運電子モンスターは生まれてきたんだ。

東洋占術の本場、中国にはこんな言葉がある。
事半功倍—。
半分の事（努力）で倍の功（成果）を上げるってことだな。

まさしくそれを実現するのが、
これまで教えてきた「効率よく運を上げる50の裏ワザ」。
俺流に噛み砕いて説明してきたけど、
これらはすべて由緒正しき東洋占術に基づいたもの。
沙知や君たちが生まれるはるか昔より積み重なった歴史の中で
洗練されてきた、信頼できる開運術なんだ。

そして、この裏ワザを知っていれば運勢コスパは上がり、
沙知のように挫折を味わってもポジティブな未来を取り戻せるはず!

「こんなに仕事頑張っているのに、報われない……」
「周りは幸せそうなのに、何で私だけ恋人ができないの……」
「もっともっと、幸せになりたい!」

そう思った時、俺たちのくだらない会話を思い出してみてくれ。
そこには必ず、君の運勢コスパをグッと上げるヒントがあるはずさ!

あ、また俺に会いたくなったら、
「はじめに」で俺の住処を紹介しておいたから、
……たまには遊びに来いよ!

沙知とコスまるが出会う前のこと……

ポジ子、ついに結婚が決まったな！　おめでとう！

ありがとう。しかも、昇進も決まったの！

まさか、あんなに不運でネガティブだったポジ子がここまでの運気高い系に覚醒するなんて。俺はやっぱり優秀な開運電子モンスターだな。

ふふふ、コスまるのおかげだよ。
電車でうた寝開運法を拡散したら、皆右側に座ってたよ。

それなのに、あんまり冴えない顔なのは……
あいつが気になるのか？

うん。沙知はあんなに頑張っているのに、異動させられちゃって……。しかも、彼氏にも浮気されて別れたみたいだし。親友のあんな姿、見ていられないよ。

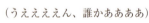（うえええん、誰かあああ）

リア充恐怖症になってSNSも見てないみたいだから、拡散した裏ワザにも気づいてないだろうな……。

（よっぽどの幸薄系なんだろうなあ……次はそいつかな）

……！　そうだ、私がコスまるを分析して開発したこの「コスまるURL変換機」で、結婚式の引き出物にするから、今度は沙知を救ってあげてくれない？

……は？

ただでさえ私たちの会社は幸薄系ばかりで、運のブラック企業と化してるんだから、運気高い系を増やさないとね？

いや、行くのはいいんだけど、そういうことじゃなくて……。雑じゃない？　展開が雑じゃない？　何？　コスまるURL変換機ってな……！

シュポッッ！（強引に変換）

ふふふ、沙知をよろしくね、コスまる♪

えええ⁉　そんな感じだったの⁉

……ハハハ。

| 監修者紹介 |

大石眞行（おおいし・しんぎょう）

1959年生まれ、東京都出身。千葉大学教育学部（教育心理学選修）卒業。
占い歴約50年。子平、紫微斗数、東西占星術、奇門遁甲、六壬、易、地理風水、人相、手相など東洋占術を中心に多方面で講座・鑑定を行う占いのエキスパート。
実生活に使える等身大の占いを数多く提唱している。
監修に『説話社占い選書7 はじめてでもよくわかる！四柱推命』など。
鑑定予約、お仕事の依頼などは想星堂まで。
想星堂HP　https://souseido.storeinfo.jp/

＃運勢コスパ　効率よく運を上げる50の裏ワザ

発行日　2018年11月14日　初版発行

監修　　大石眞行
発行者　酒井文人
発行所　株式会社説話社
　　　　〒169-8077 東京都新宿区西早稲田1-1-6
電話／03-3204-8288（販売）03-3204-5185（編集）
振替口座／00160-8-69378
URL http://www.setsuwasha.com/

イラスト　　神保賢志
ブックデザイン　江原絵
編集担当　永瀬翔太郎
印刷・製本　日経印刷株式会社

ISBN 978-4-906828-49-4　C2011
©Shingyo Ooishi Printed in Japan 2018
落丁本・乱丁本は、お取替えいたします。
購入者以外の第三者による本書のいかなる電子複製も一切認められていません。